Die schönsten Motorradtouren
Kroatien

W0183404

Oliven sind Kroatiens Exportschlager.

Hans Michael Engelke

DIE SCHÖNSTEN MOTORRADTOUREN KROATIEN

Entdeckertouren zwischen
Istrien und Süddalmatien

BRUCKMANN

Senj – hier lebte die Rote Zora.

INHALT

Olivenbäume können viele Hundert Jahre alt werden.

VORWORT

Kroatien – schon vor dreißig Jahren waren Kiki und ich begeisterte Besucher dieser Region. Schon damals kurvten wir mit dem Motorrad durch die Berge und entlang der Küste dieses herrlichen Landstrichs. Nach den Unbillen und Kriegswirren der 1990er-Jahre sind nun seit Langem wieder Frieden, Ruhe und Stabilität in Kroatien eingekehrt. Und: Das sympathische Land an der Adria ist ein echtes Eldorado für Motorrad-Reisende! Die urigen Inseln mit ihren unzähligen Nebenstrecken, die großartigen Küstenstraßen mit ihren fantastischen Panoramen und das unbekannte, aber entdeckenswerte Hinterland mit seinen zahlreichen Bergpässen versprechen unvergessliche Motorradtouren.

Die Gebirgs- und Küstenregionen Kroatiens sorgen immer wieder für Kurzweil und Abwechslung. Auch nach vielen Jahren und Touren entdecken wir immer wieder Neues. Nur eines ist stets gleich geblieben: die Freundlichkeit und Offenheit der Menschen. Gern wollen wir mit dem vorliegenden Buch unsere bisherigen Erfahrungen mit Ihnen teilen und Sie auf dieses spannende Land ein wenig neugierig machen. Kroatien, da ist für jede Art zu reisen etwas dabei. Wer einsame Wege entdecken möchte und die Abgeschiedenheit liebt, tourt durch die mächtigen Gebirgszüge des Velebits. Quirlige Küstenstädtchen und eine fröhliche, bunte Szene finden sich an den Meeressäumen Istriens, und wer endlosen Fahrspaß und mediterrane Kultur verbinden möchte, fährt ganz hinunter in den Süden und erkundet Dubrovnik und das Umland.

Während zu Hause schon längst die Saison beendet ist oder erst noch bevorsteht, lassen sich an der Adria erholsame Sonnentage verbringen. Kaum eine Region Europas bietet so viele Sonnenstunden im Jahr wie die kroatische Küsten- und Inselwelt – die ideale Voraussetzung für ungebremstes Fahrvergnügen. Im Hochsommer kühlt an der Küste eine meist angenehme Brise, und hoch oben in den Bergen ist es dann sowieso am schönsten.

Ich freue mich, wenn wir Ihre Neugierde geweckt und mit unserem Buch zum Gelingen Ihrer nächsten Motorradreise beigetragen haben. Und ich lade Sie gern zum Dialog auf meine Homepage www.engelke.tv ein. Vielleicht treffen wir uns ja auch in Kroatien.

Bis dann und gute Reise!

Hans Michael Engelke, März 2017

Linke Seite oben:
Omiš – einst Piratennest, heute Ausflugsziel

Linke Seite unten:
Lenzen gehört zu den Startvorbereitungen.

DIE TOUREN

Schräglagen auf der Küstenstraße – Kroatien ist Motorradfahrerland.

Continental

Reifenstapel sorgen bisweilen
für Rennstrecken-Feeling.

JENSEITS DES KVARNER

Zwischen dem Kvarner und der Adria ragt Istrien weit hinaus ins Meer. Bildschöne Städte, kurzweilige Küstenstraßen und das bergige Hinterland machen jede Istrientour zu einer unvergleichlichen Entdeckungsreise.

Die ersten Blicke aufs Meer – sie sind für uns immer ein ganz besonderes Gefühl. Da fährt man viele, viele Kilometer durch fremde Landschaften, sieht üppiges Grün und ungewohnte Architektur an sich vorbeihuschen, begeistert sich für allerlei Abwechslung. Aber wenn dann das erste Mal der Blick auf das unendliche Blau des Meeres fällt, wenn irgendwo am Horizont der Himmel scheinbar im Wasser versinkt, dann schlägt das Herz noch einen Schlag schneller, die Vorfreude steigt. Und wenn dann noch die Sonne mitspielt, die Wellen, von weißem Schaum gekrönt, gegen das malerische Ufer anbranden, dann ist die Idylle perfekt.

Und genau diese erschließt sich uns bei Savudrija. Das kleine Städtchen ist eines der allerersten Küstendörfer gleich hinter der kroatisch-slowenischen Grenze. Eben kontrollierte uns noch der kroatische Grenzer – mit strengem Blick, unsere Ausweise in der Hand, sah er uns tief in die Augen, um uns dann mit gönnerhafter Miene in seine Heimat einreisen zu lassen. Dem salzigen Duft der Adria folgend, steuerte ich schnurstracks die Küste an, und nur wenige Minuten nach der ungewohnten Grenzprozedur stranden wir schließlich in der kleinen, geschützten Bucht. Ein paar Boote dümpeln an der Mole im Wasser, Möwen ziehen schreiend durch die Luft. Im Schatten kleiner Bäume stelle ich die BMW ab, und wir genießen erst mal in aller Ruhe das herrliche Panorama.

ENGE ALTSTADTGÄSSCHEN UND BUNTE FASSADEN

Ein Stückchen weiter im Dorf lädt das Straßencafé zur Pause, und koffeingestärkt finden wir uns schließlich auf der aussichtsreichen Küstenstraße wieder, Kurs gen Süden. Aber erneut sind es nur wenige Kilometer, die wir fahren, denn schon lockt das bildschöne Umag mit seinen kleinen, engen Altstadtgässchen, dem bunten

Bei Savudrija dümpeln Fischer- und Freizeitboote im Wasser.

Rovinj – bildschönes und geschichtsträchtiges Städtchen an Istriens Westküste

Gemisch von alter und neuer Architektur, bunten Fassaden und Schatten spendenden Markisen sowie einem von weißen Mauern gesäumten Hafenbecken, in dem türkis schimmernd das Meerwasser gluckst. Schnell haben wir in dem beliebten Touristenort ein Zimmer gefunden und lassen uns, erschöpft von der Anreise, erst mal aufs Bett fallen. Aber schließlich obsiegt irgendwann doch der Hunger, und zudem ist die Region rund um Umag für ihre hervorragenden Weine bekannt. Die munden bekanntlich im richtigen Ambiente gleich doppelt so gut, und daran hat Umags Altstadt nun wahrlich keinen Mangel.

Eine erholsame Nacht später düsen wir weiter entlang Istriens Küste. Immer wieder windet sich die Strecke zwischen den Hügeln und Bergen des Hinterlands und dem Wasser hin und her. Und genauso oft fällt der Blick mal auf die windgekräuselte Wasseroberfläche rechts von uns, mal über die Felder, Wälder und Weinberge links. Wir machen einen kurzen Abstecher nach Novigrad, aber da uns der Sinn mehr nach Mopedfahren als nach Sightseeing steht, überqueren wir zügig das breite Delta des Flüsschens Mirna und schwenken schnell wieder in Richtung Süden. Verkehr gibt es hier nur wenig; der hat sich mit dem Ausbau der Schnellstraße mehr in Richtung Landesinnere verlagert. Und wenn mal ein Laster oder ein Urlauber vor uns herkraucht, ist er mit einem kurzen Dreh am Gasgriff schnell überholt.

VERFÜHRERISCHE DÜFTE STEIGEN IN DEN HELM

Bei aller Lust aufs Fahren, Poreč darf man sich einfach nicht entgehen lassen. Neben Rovinj und Pula ist Poreč die wichtigste Küstenstadt Istriens und vielleicht sogar die schönste. Umgeben von der urigen Altstadt beherrscht die Euphrasius-Basilika das Stadtbild. Mit ihren anschließenden Sakralbauten wie dem Bischofspalast und dem Atrium ist sie eines der bedeutendsten

Bauwerke Kroatiens – nicht umsonst hat die UNESCO das gesamte Ensemble schon vor vielen Jahren in die Liste des Weltkulturerbes aufgenommen. Begeistert schlendern Kiki und ich durch Porečs Gassen und Sträßchen, bewundern kirchliche und weltliche Kunst, bummeln entlang der Fassaden und Läden. In einem der gemütlichen Restaurants, die sich reichlich rund um den Hafen finden, gönnen wir uns leckeren, fangfrischen Fisch. Verlockend dazu wäre ja einer der hervorragenden Weine, die diese Region hervorbringt, doch das verträgt sich nicht mit dem einspurigen Fahrzeug, und so bleiben wir beim Wasser.

Ungünstig, dass wir uns in Poreč den Bauch so gefüllt haben – das merken wir spätestens, als wir kurz hinter Vrsar ins Landesinnere abbiegen. Auf der abwechslungsreichen Strecke, die ins Hinterland des Limski-Kanals führt, brutzeln rechts und links der Straße jede Menge schmackhafter Spanferkel. In riesigen Grills rotieren die leckeren Braten und lassen beim Vorbeifahren verführerische Düfte in den Helm steigen. Ein kurzes Stück folgen wir dem Limski-Kanal an seinem nördlichen Ufer, dann setze ich den Blinker, und mit einigen Kurven geht es hinunter ans Wasser. Eigentlich nennen die Istrier diesen fast zehn Kilometer langen Einschnitt ins Land auch gerne Limski-Fjord, denn schließlich sieht er ja aus wie ein solcher, auch wenn er schlussendlich dann doch kein richtiger Fjord ist. Entsteht nämlich ein echter Fjord stets durch einen Gletscher, so hat sich der Limski-Kanal seinen Ausschnitt selbst gegraben. Besser gesagt, der Fluss Pazinčica war es, der hier über Millionen von Jahren so kräftig an der Landschaft feilte. Und dennoch: Wer mit dem Ausflugsboot, welches gleich unten am kleinen Hafen ablegt, durch die Schlucht tuckert, verspürt schon ein authentisches Fjord-Gefühl, und er staunt über die steilen Wände rechts und links des Gewässers, über die großen Fischschwärme in dem sauerstoffreichen Wasser und – mit ein bisschen Glück –

Istriens Süden wartet mit herrlichen Badebuchten auf.

auch über die hier regelmäßig herumtollenden Delfine. Klar, dass wir ebenfalls eine Runde über das Wasser drehen. Zum Abschluss unseres Fjord-Besuchs lassen wir uns an einem der Marktstände am Hafenbecken noch ein leckeres Stück frischen Käse einpacken. Und weil er dazu so richtig gut schmeckt, kommt auch noch ein gutes Fläschchen Grappa aus der Region in die Box.

VON KROSSEN SPANFERKELN UND DÜSTEREN KATAKOMBEN

Die Jadranska magistrala, die Adriatische Küstenstraße, führt zwar ab dem Limski-Kanal schnurstracks weiter zu Istriens südlicher Spitze, aber wir biegen hinter dem vermeintlichen Fjord scharf rechts ab und folgen den Schildern nach Rovinj. Ruhige Strände, einsame Plätze, beschauliches Wandeln in stillen, abgeschiedenen Gassen? Fehlanzeige, nicht in Rovinj! Hier pulsiert das Leben. Das malerische Ambiente, einladende Restaurants und Kneipen, der große Hafen und zahlreiche touristische Ziele im Umland locken Heerscharen von Besuchern an. Dementsprechend herrscht in der für Fahrzeuge gesperrten Innenstadt ein quirliges Treiben. Ich starte einen Versuch, mit der BMW an der uniformierten Wächterin vorbei in die Innenstadt zu gelangen, aber allein ihr zorniger Blick hätte mich schon fast auf der Stelle getötet. Also parken wir das Motorrad auf dem großen Parkplatz und machen uns zu Fuß auf, die reizvolle Stadt ein wenig zu erkunden. Und schon bald – so wird es uns in Kroatien noch öfter ergehen – spricht uns ein Einheimischer an und offeriert eine Unterkunft. Wenn Preis und Qualität stimmen, spricht nichts gegen so ein Angebot, und je nach Saison lässt sich auch noch ein wenig handeln. Und da ich immer noch die leckeren Spanferkel im Hinterkopf habe, ist der Deal bald perfekt. Es werden

Uriges Dorf mit weltbekannter Kirche – Vodnjan

Olivenhaine findet man auf Istrien überall.

sogar zwei Tage daraus. Rovinjs versteckte Ecken, die andere Seite des Limski-Kanals und die kleinen Wege dorthin, das interessante Hinterland und der eine oder andere Abschnitt der Küste verleiten uns zum Bleiben – Langeweile gibt es hier nicht.

Schließlich folgen wir dann doch den kleinen Nebenstrecken zwischen Rovinj und Pula zum Südzipfel Istriens. Auf schmalem Asphaltband geht es entlang der Küste, aber nicht ohne einen Abstecher nach Vodnjan. Dieser Ort ist nicht nur seiner interessanten Altstadt wegen reizvoll, sondern auch wegen seiner sehenswerten Kirche des Heiligen Blasius. Zwar gehören wir eher nicht zu den regelmäßigen Kirchgängern, statten aber dennoch diesem Gotteshaus einen Besuch ab, denn schließlich befindet sich dort eine der weltweit bedeutendsten Reliquiensammlungen: Insgesamt 370 Reliquien von 250 Heiligen beherbergt die Sakristei.

Am beeindruckendsten sind aber zweifelsohne die nahezu unverwesten Mumien dreier Heiliger aus dem 12. bis 15. Jahrhundert. Bis heute konnte nicht eindeutig geklärt werden, weshalb sich die Körper, obwohl weder einbalsamiert noch hermetisch verschlossen, immer noch in einem so guten Zustand befinden. Sogar die Kleidung hat zum großen Teil den langen Zeitraum überdauert. Es ist schon ein bisschen gruselig in den düsteren Katakomben, und die warme Sonne und das helle Licht, die uns beim Verlassen der Kirche empfangen, tun gut. Ein leckeres Eis erfrischt, dann geht es endlich ganz hinunter ans Ende Istriens.

DER TOD DER ÖLWANNEN

Dort liegt die Halbinsel Kamenjak, und sie ist ein ganz besonderer Ort. Erreichbar nur über eine einzige Straße, gilt es vor dem Befahren, einen kleinen Obolus zu entrichten, damit sich der Schlagbaum hebt. Dafür erhält man aber auch eine kleine Mülltüte. Und schon geht es hinaus auf Schotter, Kies und heftige Pisten.

Zum Glück sind wir mit der Enduro unterwegs, und so sind die holprigen Wege genau das richtige Terrain für die GS. Das heißt zwar nicht, dass man diesen Winkel nicht auch mit Straßenmotorrädern befahren könnte, aber hier fühlt sich eine Enduro so richtig in ihrem Element. Holprige, staubige Pisten führen an fantastische Strände, einsame Buchten und durch dichte Macchia – geniale Ausblicke in die Buchten ringsum mit inbegriffen. Erstaunlicherweise trauen sich auch einige Autofahrer in diese fahrtechnisch und straßenmäßig herausfordernde Ecke. Dass das nicht immer gut geht, davon zeugen zahlreiche Felszacken und Steine, hinter denen deutliche Ölspuren erkennbar sind – hier hat wohl schon so manche Ölwanne ihr Leben ausgehaucht. Es macht richtig Spaß, kreuz und quer durch die Landschaft zu kreuzen, bis zum äußersten Inselzipfel, von wo der Blick weit hinaus übers Meer schweift.

Rund um die Bucht von Medulin drehen wir von hier aus einen Kreis zu Kroatiens östlicher Küste und folgen dieser auf spannendem, kurvenreichem Asphalt. Hierhin verirren sich scheinbar nur wenige Autofahrer, und das ist auch gut so. Wir passieren kleine Dörfer, Weiler und Höfe, legen knackige Schräglagen hin und fahren aufs Geratewohl durch die Landschaft. Richtig verfahren kann man sich hier auch gar nicht – entweder gelangt man an die Küste oder an die Jadranska magistrala. Spätestens bei Barban jedoch sollte man die Adriatische Küstenstraße dann aber erreicht haben, denn ein tiefer Einschnitt ins Land reicht fast bis an diese Straße heran. Dort werden wir mit weiteren herrlichen Schwüngen und tollen Aussichten belohnt. Rund dreißig Kilometer zieht sich die Jadranska magistrala noch durchs Hinterland, um ab Plomin ihrem Namen dann alle Ehre zu machen: Es geht wieder an der Küste

Motovun lockt mit einer bildschönen Altstadt.

Schöner shoppen – Schaufenster in Motovun

entlang, und oft in großer Höhe in die Flanken der steilen Berge getrieben, präsentiert die Strecke ein Aussichts-Highlight nach dem anderen. Immer wieder fällt der Blick hinab aufs tiefblaue Meer, wo kleine Fischerboote auf den Wellen hüpfen oder weit draußen am Horizont riesige Frachter ihre schnurgeraden Bahnen ziehen. So gerade ist unsere Küstenstraße jedenfalls nicht, und obwohl es schon mächtig Spaß macht, hier mal ein bisschen Gas zu geben, sollte man auch etwas Vorsicht walten lassen, denn in jeder Kurve muss man mit Hindernissen oder anderen Unwägbarkeiten rechnen. Außerdem fühlt sich der eine oder andere Kroate schon mal zu einem kleinen Duell herausgefordert, wenn ein Motorradfahrer ihn überholen möchte.

ALS WÄREN WIR ALLEIN AUF DIESER WELT

Etwa zwanzig Kilometer vor Rijeka, beim Küstenörtchen Opatija, endet die Istrische Küste. Opatija gilt als einer der ältesten Fremdenverkehrsorte Kroatiens. Schon 1884 entstanden in dem mondänen Seebad die ersten Hotels, Adel und Honoratioren aus ganz Europa machten ihm ihre Aufwartung. Auch der deutsche Kai-

Verschlafene Dörfchen durchfährt man auf Schritt und Tritt.

ser Wilhelm II. wandelte hier schon zwischen Uferpromenade, Parks und luxuriösen Villen und Hotels.

Für uns ist es nun an der Zeit, den Bogen ins Landesinnere zu finden. Eine nette Übernachtung in Opatija, dann führt uns der Weg am 1400 Meter hohen Vojak vorbei wieder ins Hinterland Istriens. Über Lisina, Male Mune und Brest geht es auf die slowenische Grenze zu. Welch eine abgeschiedene Landschaft! Wir begegnen kaum einer Seele, rollen durch fantastische bergige Landschaften, entlang plätschernder Bäche und durch winzige Dörfer, als wären wir ganz allein auf dieser Welt.

Die letzte Etappe unserer Istrientour schließt den Kreis: Buze, das bildschöne Bergdorf Motovun und das ebenfalls sehenswerte Buje führen uns auf zügig befahrbarer Landstraße wieder an die Küste und an die slowenisch-kroatische Grenze. Es ist aber auch zu schade, jetzt wieder den Heimweg antreten zu müssen, denn es ist nur ein Katzensprung bis Italien oder in den slowenischen Karst ... Aber das wäre wieder eine ganz andere Geschichte.

TOUR-TIPP

Die Jadranska magistrala – Kroatiens Küstenstrasse

Die Jadranska magistrala, die Adriatische Küstenstraße, gilt als eine der weltweit schönsten ihrer Art. Seit den 1960er-Jahren führt sie entlang der östlichen Adriaküste von Slowenien über Kroatien, Bosnien und Herzegowina bis nach Montenegro. In Kroatien trägt der größte Teil der Strecke die Straßennummer D 8. Durch den Bau der küstennahen Autobahn ist die bildschöne Panoramastraße zum Glück erheblich entlastet worden – was allerdings nicht heißt, dass man auf ihr alleine reist. Sie ist heute aber bei Weitem nicht mehr so gefährlich wie noch vor einigen Jahren, und wer mit wachen Augen unterwegs ist, wird viel Fahrspaß erleben. Große Vorsicht ist geboten, wenn die Magistrala nass ist – der Belag ist dann wie Schmierseife, und man rutscht nicht nur selbst sehr schnell mit dem Motorrad aus, auch die Autofahrer haben dann oft ernsthafte Probleme! Aufgepasst heißt es auch, wenn sich die Farbe des Belags plötzlich ändert: Oft ist die Oberfläche zentimetertief eingefräst, um Aquaplaning vorzubeugen – für Zweiradfahrer kann das zur gefährlichen Stolperfalle werden.

Istriens Sonnenuntergänge sind ein Traum.

PRAKTISCHE HINWEISE

ALLGEMEINES

Istrien ist die größte Halbinsel in der nördlichen Adria. Sie liegt zwischen dem Golf von Triest und der Kvarner Bucht und gehört zum überwiegenden Teil zu Kroatien; lediglich ein schmaler Streifen wird Slowenien zugeordnet, und die Region um Muggia ist italienisch.

Mit über 1000 km Küstenlinie mit Fels-, Kies- und Sandstränden hat Istrien einiges zu bieten, und auch im Hinterland gibt es sehr viel Abwechslung. Der eher flache Westen geht in Weinberge und Trüffelwälder über, und im Nordosten überwiegen karstige Höhenzüge.

Die lange Geschichte Istriens zeigt sich schon im Namen, der von den Histriern stammt, die etwa von 800 bis 500 v. Chr. die Halbinsel bevölkerten. Römer, Griechen, Slawen, Venezianer und Habsburger wechselten sich im Lauf der Jahrhunderte ab. Vor dem Zweiten Weltkrieg gehörte Istrien zu Italien; dies macht sich nicht nur in der bis heute dauernden Zweisprachigkeit bemerkbar, sondern auch in der Lebensart und in der Küche Istriens.

KLIMA UND REISEZEIT

Die Halbinsel Istrien ist schon fast ein Ganzjahresziel, vor allem an der Küste herrscht mediterranes Klima mit heißen Sommern und milden Wintern. Istrien gehört zu den Regionen mit den meisten Sonnenstunden Europas; schon im April liegt die Tagesdurchschnittstemperatur bei 12 °C und im Oktober sind es noch 15 °C. Besonders reizvoll ist das Frühjahr, denn dann grünt und blüht es überall, und das Land ist von blühender Macchia überzogen. Im Herbst haben besonders die nördlichen Wälder ihren besonderen Reiz, wenn der »Indian Summer« seine Farben spielen lässt – dann gehören aber immer auch ein warmer Pullover und vorsichtshalber ein Regenschutz mit ins Gepäck.

MOTORRAD FAHREN

In Istrien sollte jeder Motorradfahrer auf seine Kosten kommen: Es gibt gut ausgebaute, kurvenreiche Landstraßen für die Knieschleiferfraktion, schmale, einsame Nebenstrecken, die sich mit dem Tourer entdecken lassen, und jede Menge Schotter- und Feldwege für die Enduroliebhaber. Aber Achtung: Wenn die Straßen Kroatiens nass sind, wird es gefährlich! Im Regen endet so manche Tour schon mal als Rutschpartie; das gilt im Besonderen auch für die schon mal angefrästen Straßenoberflächen.

TOURENLÄNGE

335 km

SEHENSWERTES

Auf Istrien hat es an Ausflugszielen keinen Mangel. Da wären auf jeden Fall die Küstenstädte Umag, Poreč und Rovinj, die unbedingt einen Besuch wert sind – die Basilika in Poreč sei dabei besonders erwähnt. Im Süden locken die römische Arena und der Augustus-Tempel von Pula. Vor Pula liegen übrigens die Inseln von Brijuni, eine fantastische Inselwelt, die per Boot erkundet werden kann. Interessant ist auch der Limski-

In Istrien mangelt es nicht an idyllischen Ortsdurchfahrten.

Fjord mit seinem Fischreichtum und der wunderbaren Landschaft. Vodnjan bietet die beschriebene Reliquiensammlung, und das malerisch gelegene Bergstädtchen Motovun gilt als ein besonderes historisches Kleinod.

ESSEN UND TRINKEN

Ganz hoch im Kurs stehen natürlich frischer Fisch und Meeresfrüchte; in Öl eingelegte Sardellen, marinierter Fisch und Salate mit Fisch sind besonders empfehlenswert. Ein Genuss ist der »Pršut«, ein sehr dünn geschnittener, luftgetrockneter Schinken. Hervorragende Eintöpfe stillen den Hunger auf Deftiges, und enorm schmackhaft sind auch die über Holzfeuer gegrillten Lamm- oder Spanferkelspezialitäten – unbedingt probieren! Im Inland gibt es leckere Wildgerichte.

Istrien ist eine Weinlandschaft: Roter Teran wird zu Schinken und Käse getrunken, Merlot und Cabernet ergänzen sich am besten mit Wildgerichten. Malvazija ist die bekannteste weiße Traube in Istrien; wir haben diesen Wein am liebsten zu Fischgerichten getrunken. Und nach dem Essen gibt es traditionell den Sliwowitz, den köstlichen Obstbrand aus Pflaumen.

UNTERKUNFT

Auf der Halbinsel Istrien finden sich reichlich und problemlos Übernachtungsmöglichkeiten, vom Hotelzimmer bis zur Privatunterkunft – einfach auf die Schilder achten. Es gibt zahlreiche Campingplätze entlang der Küste, auf denen außerdem ansprechende Häuschen vermietet werden.

KARTE

Vor Ort empfiehlt sich die Marco Polo Karte 1:200 000, Istrien, Kroatische Küste Nord und Mitte.

ADRESSEN UND INTERNET

Für telefonische und schriftliche Anfragen stehen die beiden Kroatischen Zentralen für Tourismus bereit: entweder in der Sonnenstraße 8, 80331 München, Tel. 089/22 33 44, oder in der Stephanstraße 13, 60313 Frankfurt, Tel. 069/238 53 50 (Infos im Internet unter www.croatia.hr).

Die Seite www.istrien.info informiert umfassend über Istrien; hier lassen sich auch Unterkünfte buchen.

Das Gleiche gilt für www.istra.hr und die Istrien-Seiten von www.kroatien-net.de.

KULTUR UND ABENTEUER

Ganz im Süden Kroatiens liegt Dubrovnik, die Perle der Adria. Von hier ist es nur ein Katzensprung ins benachbarte Montenegro – ein Kontrastprogramm zwischen Kultur und Abenteuer.

Rund um Dubrovnik laden fantastische Landstraßen zu echten Entdeckertouren ein.

Auch einen Abstecher wert – Dubrovniks Inselwelt

Nur wenige europäische Städte können für sich in Anspruch nehmen, eine so bewegte Geschichte zu haben wie Dubrovnik. Die »Perle der Adria«, wie sich die südkroatische Hafenstadt gern und nicht zu Unrecht selbst nennt, ist auch heute noch das kulturelle Zentrum Kroatiens. Über Jahrhunderte hinweg war die einst unabhängige Stadtrepublik Handelspartner des gesamten Mittelmeerraums und des Südens von Europa. Dubrovniks Geschichte ist so spannend wie verworren. Ein steinerner Zeuge der Vergangenheit ist die gewaltige Stadtmauer, die auch heute noch die komplette Altstadt umschließt.

Im Schatten dieses mächtigen Bollwerks sitzen Kiki und ich in der Altstadt und lassen uns einen leckeren Cappuccino schmecken. Die BMW haben wir außerhalb der Mauer auf einem der zahlreichen Motorradparkplätze abgestellt. Dubrovniks innere Schönheit lässt sich nur zu Fuß erschließen, die Altstadt ist für den motorisierten Verkehr gesperrt. Lange Fußmärsche haben wir schon hinter uns, sind durch die angenehm kühlen

TOUR-TIPP

Sehenswertes in Dubrovnik

Dubrovnik, die Perle der Adria, darf sich mit Fug und Recht als eine der schönsten Städte des Mittelmeerraums bezeichnen. Die autofreie Altstadt ist von einem komplett erhaltenen, rund 2000 Meter langen Stadtmauerring umgeben. Ein Rundgang über diesen liefert fantastische Aus- und Einblicke auf die Stadt, das Meer und die Umgebung. Als Startpunkt bietet sich das Stadttor Pile an, wo es auch einen großen Motorradparkplatz gibt. Im Franziskanerkloster Mala braća, 1228 in der Nähe des heutigen Hotels Imperijal gegründet, befindet sich die älteste Apotheke Europas. Sie wurde 1317 eröffnet und ist seitdem in Betrieb. Man kann sie, ebenso wie das Kloster, besichtigen. Ein Besuch lohnt sich unbedingt. Am östlichsten Punkt der Altstadt liegt auf einer Landzunge die Festung des heiligen Johannes.

In den zwei oberen Etagen residiert das Schifffahrtsmuseum, im Erdgeschoss befindet sich das Aquarium von Dubrovnik. Stradún, die quirlige Hauptstraße, war einst ein Meereskanal, der später zugeschüttet wurde. Hier macht das Bummeln Spaß.

Gassen geschlendert, haben die hoch über dem Wasser wachenden Festungsmauern erklommen, auf denen heute noch die Kanonen in die offene See hinaus zeigen. An jeder Ecke entdeckt man etwas Neues und Interessantes. Drei Klöster, das Zoll- und das Rathaus, die Kirchen, die älteste Apotheke Europas, die Rolandsäule, Hafen, Promenaden – es wird einfach nie langweilig in Dubrovnik.

MÄCHTIGSTE HANDELSFLOTTE DES MITTELMEERRAUMS

Gestern Abend trudelten wir hier ein und bauten zu später Stunde unser Zelt auf dem Campingplatz Solitudo auf, der auf der zur Stadt gehörenden Halbinsel Babin Kuk liegt. Das ist zwar ein wenig außerhalb des Zentrums, aber mit dem Moped erreicht man dieses sehr schnell. Und wer nicht in der Stadt Motorrad fahren möchte, kann auch mit dem Bus ins Zentrum gelangen. Außerdem ist Dubrovnik nicht nur als Stadt sehr schön, sondern auch der ideale Standort für Touren in die Umgebung. Aber alles der Reihe nach.

Nach dem nachmittäglichen Kaffeegenuss lassen wir uns am Hafenbecken ein wenig die salzige Meeresluft um die Nase wehen und verfolgen mit dem Gesicht in der Sonne das stete Treiben an den Molen. Ausflugsschiffe starten ihre Touren entlang der fantastischen Küste, die ersten Hobbysegler beenden ihren täglichen Törn und kehren in den sicheren Hafen zurück, kleine Sportboote kreuzen hin und her. Dieser Hafen war schon immer eine beliebte Drehscheibe für den Schiffsverkehr. 160 Schiffe besaß Dubrovniks Handelsflotte im 16. Jahrhundert, damals eine der mächtigsten im gesamten Mittelmeerraum.

Auch den Abend lassen wir natürlich zwischen den Mauern der Altstadt ausklingen. Die Auswahl an Restaurants ist riesig, und wer hier Hunger leidet, ist selbst schuld. Spätestens jetzt zeigt sich aber, dass die Fahrt mit dem Bus doch Vorteile gehabt hätte ... Aber den Wein können wir ja auch am Campingplatz genießen.

Nicht nur für uns zählt Dubrovnik zu den schönsten Städten Europas.

Traumhafte Kulisse – der Hafen Dubrovniks

AM SÜDLICHSTEN ZIPFEL KROATIENS

Am nächsten Tag haben unsere ermatteten Motorradfahrer-Beine mal eine Auszeit verdient. Genug gelaufen, schließlich warten hier jede Menge verlockende Strecken auf uns. Über die Jadranska magistrala geht es in Richtung Süden. Die herrliche Küstenstraße bietet immer wieder grandiose Ausblicke auf das Meer – und natürlich auch jede Menge Kurvenspaß, passt sie sich doch in ihrem Verlauf den zahlreichen kleinen Buchten und Felsvorsprüngen an. Rund 25 Kilometer hinter Dubrovnik befindet sich Cavtat. Das malerische Küstendorf mit seinen schattigen Promenaden und einladenden Straßencafés liegt sehr romantisch zwischen den hohen Bergen des Hinterlands und der blauen Küste am Rand einer großen Bucht. Vor allem als Jachthafen ist das Städtchen beliebt.

Ab Cavtat zieht sich die Jadranska magistrala ein wenig ins Hinterland zurück. Wer mehr auf kleine Nebenstrecken steht, sollte die Hauptstraße bei Čilipi verlassen; 27 Kilometer geht es dann parallel zu dieser durch dichte Wälder, an kleinen Weilern und Höfen vorbei. Diese Spaßstrecke endet am allersüdlichsten Zipfel Kroatiens – an der Bucht von Herceg Novi und damit an der Grenze zu Montenegro. Hier gibt es schließlich drei Möglichkeiten, allesamt sind sie interessant. Erstens: Man kehrt freiwillig wieder um und entert bei Palje Brdo erneut die Jadranska magistrala. Zweite Möglichkeit: Man versucht an der Grenze den Übertritt nach Montenegro und wird vom Grenzer, aus welchen Gründen auch immer, wieder zurückgeschickt; das passiert schon mal des Öfteren. Oder, die letzte Alternative – und die konnten wir erfolgreich nehmen: Man versucht den Grenzübertritt und wird von einem sehr freundlichen und neugierigen Grenzer höflich abgefertigt, der einem eine gute Reise und Weiterfahrt wünscht.

VERFALLENE HÖFE UND URALTE DÖRFER

Uns reizt ein Abstecher durch Montenegro. Also geht es weiter auf der Jadranska magistrala Richtung Süden. Fast zur Hälfte haben wir nun die riesige Bucht von Herceg Novi umrundet, dann biegen wir ins Landesinnere ab. Über spannende, schlaglochübersäte Rumpelstraßen schrauben wir uns ab Risan in die Höhe und erhalten bald einen tollen Ausblick über die Bucht. Dann schwenkt die Strecke in die Berge und führt über Grahovo zur Grenze nach Bosnien-Herzegowina. Hier scheint die Uhr wirklich stehen geblieben zu sein: verfallene Höfe, uralte Dörfer. Am Straßenrand kleine Stände, an denen schwarz gekleidete Frauen einfache Kleidungsstücke verkaufen, während die Kinder mit ihren Hunden und unserem Motorrad um die Wette laufen.

OBACHT, POLIZIST MIT KELLE

Auch der bosnische Grenzer überprüft unsere Papiere genau und korrekt, grüßt freundlich und lässt uns passieren. Ziemlich gewöhnungsbedürftig und für den unbedarften Mitteleuropäer eher nicht zu verstehen sind die kyrillischen Straßen- und Ortsschilder. Zu unserem Glück ist es ja nur eine kurze Visite, wir können nicht viel verkehrt machen. Über die Stadt Trebinje steuern

Alles dicht? Dachwerk in Dubrovnik

Für's Wohnzimmer – Dubrovnik zum Mitnehmen

In Dubrovniks Altstadt lässt es sich stundenlang bummeln und faulenzen.

wir schon wieder auf Dubrovnik zu – allerdings geht es doch nicht so schnell, wie wir gedacht hatten. Als wir Trebinje verlassen wollen und ich einen Lkw überhole, springt gut hundert Meter voraus ein Polizist mit der Kelle auf die Straße. (Ich muss gestehen, die weiße, durchgezogene Linie war bei meinem Überholversuch noch nicht ganz zu Ende ...) Überrascht bin ich, als der Mann in Uniform mich nach einem Blick aufs Nummernschild auf Deutsch anspricht. Es folgt die übliche Kontrolle der Papiere. Dann fragt er mich, ob ich umgerechnet 20 Euro in der Landeswährung zahlen könne. Wir haben natürlich keine »Mark« dabei. Sein Vorschlag: Er behält die Papiere ein, während wir zur Bank fahren, dann zurückkommen und die Strafe bezahlen. Das wollen wir nicht, bieten ihm einen Euro-Zwanziger. Das will er aber nicht, irgendwie wird ihm das Ganze wohl auch zu kompliziert, und schließlich klopft er mir freundlich auf die Schulter, gibt mir die Papiere zurück und mit einem grinsenden »Auf Wiedersehen« sind wir entlassen.

Nicht nur südlich von Dubrovnik gibt es spannende Regionen zu entdecken, auch im Norden der Stadt findet man sich ruckzuck in den schönsten Gegenden wieder. Das merken wir am nächsten Tag. Kaum haben wir die Perle der Adria verlassen, geht es wieder über die aussichtsreiche Küstenstraße am Meeressaum entlang. Sehr nahe rücken hier die knapp 1000 Meter hohen Berge an das Wasser heran. Die Straßenbauer mussten hier ihre ganze Kunstfertigkeit aufbringen, um die breite, gut befahrbare Strecke in den Fels zu sprengen und zu hacken. Aber die Mühe hat sich gelohnt, und uns macht es einen Mordsspaß, zwischen grauen Felsen und hohen, Schatten spendenden Bäumen über der Adria zu cruisen. Den ersten obligatorischen Cappuccino-Stopp legen wir im Örtchen Slano ein, idyllisch am Ende einer Bucht gelegen. Mit der Tasse in der Hand sitzen wir in der Sonne am Straßenrand und schauen dem Verkehr hinterher, der hier entlang der Küste rollt. Ein besonderes Augenmerk haben wir dabei natürlich auf vollgepackte Motorradreisende – man grüßt sich herzlich.

Freie Sicht auf's Mittelmeer

Im Abendlicht schimmert der Kalksteinboden wie Marmor.

Zum Schießen – Kanone in der Stadtmauer

GEFÄHRLICHE HINTERLASSENSCHAFTEN DES KRIEGES

Ein gutes Stück weiter nördlich folgt ein nur wenige Kilometer langer Küstenabschnitt, der gar nicht zu Kroatien gehört – hier hat sich Bosnien-Herzegowina einen Zugang zur Adria gesichert. Zukünftig wird es wohl möglich sein, über die Halbinsel Pelješac und eine Brücke dieses Stück zu umgehen. Derzeit muss man aber noch die beiden Grenzposten passieren, wo immer noch eine Kontrolle stattfindet. Kurz vor diesem Korridor verlassen wir die Küstenstraße und biegen ins Landesinnere ab. Entlang eines großen Sees schrauben wir uns immer weiter hinauf zu den Höhen oberhalb der Küste, schwenken dann wieder gen Süden, wo es parallel zum Meer zurückgeht. Lange, schnurgerade Etappen wechseln sich in den Bergen mit wildem Kurvenwirrwarr ab. Stumme Zeitzeugen der Vergangenheit stehen noch rechts und links der Straße: zerstörte und nicht wieder aufgebaute Häuser und Höfe. Hier tobte der Krieg in den 1990er-Jahren, und die Folgen sind heute noch gegenwärtig. In dieser Region ist es auch nicht ratsam, auf eigene Faust im Unterholz herumzuwandern. Des Öfteren sehen wir am Straßenrand Schilder, die auf eine gefährliche Hinterlassenschaft des Balkankonflikts hinweisen: Minen. Auch wenn heute fast alle geräumt sind, eine Sicherheitsgarantie gibt es nicht. Mit einer leichten Gänsehaut rollen wir weiter und passieren bald erneut Slano. Wir entscheiden uns wiederum für einen Schlenker ins Hinterland und genießen nochmals die wilden Kurvereien in den Bergen.

Kurz vor der Bucht von Zaton stoßen wir dann auf die Küstenstraße, der wir noch wenige Kilometer bis Dubrovnik folgen – gerade richtig, um einen weiteren kurzweiligen Abend in dessen historischer Altstadt zu verbringen.

Auch von oben schön – die Altstadt

PRAKTISCHE HINWEISE

ALLGEMEINES

Dubrovnik liegt mit seinen rund 43 000 Einwohnern tief im Süden Kroatiens auf einem ansteigenden Felsen und ist von drei Seiten vom Meer umgeben. Die Stadt ist nicht nur das kulturelle Zentrum Kroatiens, sondern bietet auch einmalige Sehenswürdigkeiten und Kunstschätze von Weltrang. Die gesamte Altstadt wurde von der UNESCO zum Weltkulturerbe erklärt. Sie ist von einer bis zu 25 m hohen, stark befestigten Stadtmauer umgeben, die von Besuchern komplett begangen werden kann.

Dubrovnik hat eine bewegte Geschichte hinter sich. Viele Jahre über war es eine selbstständige Republik. Während des 15. und 16. Jahrhunderts blühte der Seehandel mit zahlreichen Städten des Mittelmeerraums. 1806 marschierten die Franzosen ein, 1814 fiel es an Österreich. Ab 1918 gehörte es zu Jugoslawien und seit dem Kroatienkrieg zu Kroatien.

Nicht weit entfernt von Dubrovnik liegt das Dreiländereck der Staaten Kroatien, Montenegro und Bosnien-Herzegowina. Die beiden Nachbarstaaten Kroatiens sind – wie beschrieben – weitgehend problemlos zu bereisen. Vor allem die Küste Montenegros bietet sich für weitere Abstecher an.

KLIMA UND REISEZEIT

Dubrovnik und der Süden Kroatiens können das ganze Jahr über bereist werden. An der Küste herrscht mediterranes Klima mit heißen Sommern und milden Wintern. Im Frühjahr ist es schon sehr früh angenehm warm; im bergigen Hinterland kann es dann allerdings noch recht frisch sein. Im Herbst zeigen die Wälder ein fantastisches Farbenspiel; auch die Temperaturen sind nicht mehr so hoch wie im Sommer, und die Stadt leert sich langsam, aber sicher. Im Juli und August fallen die wenigsten Niederschläge, es kann dann allerdings auch mächtig heiß werden.

MOTORRAD FAHREN

Der Küstenabschnitt rund um Dubrovnik ist sehr überschaubar; in ein oder zwei Tagen hat man das kroatische Umland erkundet. Interessant ist ein Abstecher nach Montenegro. Dort und auch in Bosnien-Herzegowina empfiehlt es sich allerdings, die Verkehrsregeln strikt zu beachten – die Polizei wacht mit Argusaugen darüber, und nicht jeder hat so viel Glück wie wir (siehe S. 30). In Dubrovnik gibt es zahlreiche Motorradparkplätze.

TOURENLÄNGE

275 km

SEHENSWERTES

Ganz Dubrovnik ist eine Sehenswürdigkeit, und alle Highlights zu beschreiben, würde den Rahmen sprengen. Neben der Hauptpromenade faszinieren vor allem mehrere Klöster, das Rat- und das Zollhaus sowie die Kathedrale, die Kirchen und zahlreiche weitere historische Bauwerke. Man sollte unbedingt einen ge-

Ganz im Süden – auf den letzten Kilometern vor der montenegrinischen Grenze

mütlichen Rundgang auf der mächtigen Stadtmauer machen und in aller Ruhe den einen oder anderen Cappuccino genießen.

Die Tourist-Info befindet sich zwischen Kathedrale und Hafen und ist gut ausgeschildert. Hier gibt es reichlich Material über alles Sehenswerte in Dubrovnik – einfach damit versorgen und zwei, drei Tage auf Entdeckungstour gehen.

ESSEN UND TRINKEN

In Dubrovnik gibt es eine Riesenauswahl an Restaurants, Tavernen, Pizzerias und Bars. Herzhaftes vom Grill, der hervorragende dalmatinische Schinken oder Schafskäse, Wurstgerichte und Fisch oder frische Meeresfrüchte sind besonders zu empfehlen.

Kroatien ist bekannt für seine langjährige Weinbautradition: Rotweine wie Teran oder Merlot oder auch ein hervorragender Weißwein wie der Malvazija oder der Pošip munden bestens zur mediterranen Küche. Heimische Schnäpse runden die Mahlzeit ab.

UNTERKUNFT

Rund um Dubrovnik finden sich reichlich und problemlos Übernachtungsmöglichkeiten vom Hotelzimmer bis zur Privatunterkunft – einfach auf die Schilder achten. Es gibt auch Campingplätze entlang der Küste; uns hat besonders der günstig gelegene Platz »Camping Solitudo« gefallen. Über die unten stehenden Internetseiten kann problemlos von zu Hause aus gebucht werden.

KARTEN

Vor Ort empfiehlt sich die Marco Polo Karte 1:200 000, Kroatische Küste, Mitte und Süd.

Soll es hinüber in die Nachbarstaaten gehen, empfiehlt sich die Karte von freytag & berndt 1:600 000, Slowenien–Kroatien–Serbien–Bosnien-Herzegowina–Montenegro–Mazedonien; für die beschriebene Tour reicht dieser Maßstab aus.

ADRESSEN UND INTERNET

Für telefonische und schriftliche Anfragen stehen die beiden Kroatischen Zentralen für Tourismus bereit: entweder in der Sonnenstraße 8, 80331 München, Tel. 089/22 33 44, oder in der Stephanstraße 13, 60313 Frankfurt, Tel. 069/238 53 50 (Infos im Internet unter www.croatia.hr).

Weitere Infos, Tipps und Empfehlungen auf Deutsch gibt es unter www.dubrovnikkroatien.com sowie unter www.tzdubrovnik.hr; hier lassen sich auch jede Menge Unterkünfte buchen. Diese finden sich auch reichlich unter www.kroatien-net.de.

KREUZFAHRT, KRK UND KAMENJAK

Kleine Nebenstrecken, mächtige Gipfel und fantastische Panoramen auf Krk und Rab geben den beiden Eilanden ihren ganz besonderen Reiz. Zudem gibt es hier schmackhafte Weine.

Viel Fahrspaß versprechen
die Strecken über die beiden Inseln.

Steil geht es von der Jadranska magistrala bergab. Das riesige Velebit-Bergmassiv im Rücken, haben wir gerade Kroatiens bekannte Küstenstraße verlassen und kurven in wilden Schwüngen hinunter nach Jablanac. In dem kleinen Küstenort startet die Fähre hinüber nach Mišnjak zum südlichen Fährort der Insel Rab. Schon von Weitem erkennen wir die lange Schlange der Autos, die alle für die 30-minütige Überfahrt anstehen. Kein Problem für Motorradfahrer, irgendwo findet sich immer ein Eckchen fürs Moped auf den kroatischen Fähren, und so meckert auch niemand, wenn man sich mit dem motorisierten Zweirad am Stau vorbeischiebt.

KREUZFAHRT FÜR FÜNF EURO

Für 35 Kuna (umgerechnet fünf Euro) dürfen wir nach wenigen Minuten an Bord, und eine knappe halbe Stunde später rollen wir schon wieder die stählerne Rampe hinab und finden uns auf Rab, der südlichsten der Kvarner Inseln, wieder. Gerade einmal 22 Kilometer lang und halb so breit ist das Eiland und eigentlich kein Ziel für eine große Motorradtour. Ein Abstecher lohnt sich aber auf alle Fälle. Schon die ersten Kilometer im Schatten des Kamenjak, des mit 410 Metern höchsten Gipfels der Insel, sind ein Genuss: Während rechts steile, graue Felsen emporragen, teilweise mit dem

Bergstraße in der Nähe von Baška

Fähre fahren – immer wieder eine Mini-Kreuzfahrt

üppigen Grün dichter Wälder bestückt, glitzert links das tiefblaue Meer unter der strahlenden Sonne. Herrliche, feinsandige Badestrände laden zum Plantschen im türkisfarbenen Wasser, vor den scharfen Winden durch die vorgelagerte, gut 200 Meter hohe Insel Dolin geschützt. Klar, dass hier erst mal unsere Badesachen zum Einsatz kommen.

Abgekühlt und erfrischt geht es wenig später nur ein paar Kilometer weiter ins Städtchen Rab, dessen fantastische Altstadt schon seit 2000 Jahren in der gut geschützten Bucht liegt. Mit ihren kleinen, engen Gassen, den roten Ziegeldächern und den bildschönen Türmen ragt sie wie ein Schiffsbug ins Meer hinein. Wir stellen die BMW an der riesigen Promenade gleich gegenüber dem Jachthafen ab und erkunden zu Fuß die altertümlichen Gemäuer. Zahlreiche Lokale und Restaurants bieten leckere Speisen an, und in den Straßencafés lässt es sich prima relaxen. Schließlich entschließen wir uns doch noch, die Nacht auf Rab zu verbringen. Kein Problem, ein Zimmer ist schnell gefunden, und wer in Rab am Abend Langeweile verspürt, ist selbst schuld.

KRKER NACHTLEBEN

Den nördlichen Teil Rabs durchqueren wir am nächsten Morgen – natürlich wieder mit toller Aussicht über das Meer und die Inseln der Kvarner Bucht. Es geht nach Lopar, dort startet die Fähre hinüber zur zweitgrößten Insel der Adria, Krk. Mit der Fähre fahren in der Adria, das ist immer wieder wie eine kleine Kreuzfahrt: Wir sitzen auf dem Schiffsdeck in der Sonne, lassen uns die salzige Meeresluft um die Nase wehen und genießen das sanfte Schaukeln und das fantastische Panorama. Je nach Wind können die Adria-Fähren zwar

Traumstrand an Rabs Küste mit Blick auf Dolin

auch schon mal etwas heftiger schaukeln, aber heute hat die hier nicht unübliche Bora, ein trockener, kalter Fallwind an der kroatischen Adriaküste, ein Nachsehen mit uns.

In Baška, Krks südlichster Stadt, legt das Schiff wieder an und entlässt uns erneut in grandiose Landschaften. Baška selbst liegt gut geschützt in einer riesigen Bucht, gesäumt von einladenden Sandstränden; im Hintergrund ragen rund 500 Meter hohe Berge in den Himmel. Diesmal verzichten wir auf das erfrischende

TOUR-TIPP

Die Brücke nach Krk

Der 19. Juli 1980 war ein wichtiger Meilenstein für die Bewohner der Insel Krk: Unter großen Feierlichkeiten wurde die gewaltige Brücke vom Festland nach Krk eingeweiht. Zu Ehren des ehemaligen jugoslawischen Präsidenten Tito erhielt sie bei ihrer Einweihung seinen Namen – Tito-Brücke. Sie besteht aus zwei mächtigen Betonbögen. Bei seiner Fertigstellung war der größere der beiden Bögen mit einer Spannweite von 390 Metern die am weitesten gespannte Betonbogenbrücke der Welt. Der kleinere Bogen misst 244 Meter. Die Gesamtlänge der beiden Brücken beträgt zusammen mit den Zufahrten 1450 Meter, die maximale Bogenhöhe 67 Meter. Über 20 000 Kubikmeter Beton und knapp 5000 Tonnen Stahl wurden verbaut. Bei sehr starker Bora, dem gefürchteten, böigen Fallwind, kann die Brücke kurzfristig gesperrt werden. Mitunter fahren dann auch keine Fähren mehr.

Seeblick – immer wieder locken tolle Panoramen zum Stopp.

Bad und folgen der Inselhauptstraße gen Norden nach Krk, das ist der Hauptort der gleichnamigen Insel. Insel und Stadt sind touristisch gut erschlossen, und obwohl man gerade in Krk nicht wirklich allein unterwegs ist, haben wir trotzdem nicht das Gefühl, es sei zu voll. Problemlos bekommen wir einen aussichtsreichen Platz in einem der Cafés mitten im Krker Zentrum, strecken die Beine unter dem Tisch aus und genießen das muntere Treiben um uns herum. Beim anschließenden Bummel durch das Städtchen werden wir, wie des Öfteren, von Einheimischen angesprochen, ob wir ein Zimmer benötigen. Diesmal wollen wir aber endlich wieder einmal unser Zelt aufbauen und winken dankend ab. Nur ein kurzes Stück westlich des Orts Krk liegt direkt am Strand der Campingplatz »Ježevac«, das ideale Basislager für Touren über die ganze Insel. Und wer gut zu Fuß ist, kann das Krker Nachtleben auf Schusters Rappen erkunden.

Köstliche Weine locken in Vrbnik.

Panorama vom Feinsten – die Bucht von Baška auf Krk

Pausenplätze wie Sand am Meer

GEFÄHRLICHE GEWÄSSER

Quer über die Insel führt uns am nächsten Tag die Tour hinüber nach Vrbnik. Das urige Dörfchen liegt am Ufer des Vinodolski-Kanals, der Meeresenge zwischen dem Ort Novi Vinodolski auf dem Festland und dem östlichen Ufer Krks. Aufgrund der Strömungsverhältnisse und der oft einsetzenden Bora gilt das Gewässer als eines der gefährlichsten Europas. Wer hier weit hinausschwimmt, kann schnell ziemlich schlechte Karten haben. Aber wir sind ja nicht zum Baden hergekommen, denn Kiki und mich interessieren viel mehr die schmackhaften Getränke, für die Vrbnik bekannt ist. Schon früher wurde in Vrbniks fruchtbarem Tal Vrbničko Polje Landwirtschaft betrieben, jedoch in erster Linie Weizen für den Brotbedarf der gesamten Insel angebaut. Als im Lauf der Zeit jedoch Weizen aus ganz Kroatien auf die Insel gebracht werden konnte, gingen die Vrbniker zum Rebenanbau über, und es gelang ihnen, eine eigene Rebsorte zu züchten: die Trauben für den charakteristischen Vrbnička žlahtina. Mit diesem

Am Strand von Soline – Badespaß und Schlammpackung

Tropfen machte sich Vrbnik weit über die Grenzen Krks hinaus einen Namen als Weinort. Überall in den engen Gassen Vrbniks werden dieser Wein und die aus den Traubenrückständen gewonnenen Brände zum Kauf angeboten. Leider ist unsere Transportkapazität auf der BMW doch arg begrenzt, aber für ein leckeres Probefläschchen ist allemal Platz in der Box.

SCHLAMMBAD UND EIN GUTES TRÖPFCHEN

Die Bucht von Soline ist unser nächstes Ziel. Über Risika und Dobrinj geht es gen Norden. Angeblich, so wird berichtet, habe der Schlamm an den Stränden dieser Bucht eine gesunde und heilende Wirkung. Und tatsächlich gibt es einige Unerschrockene, die sich mit der braunen Pampe einschmieren. Für Kiki und mich wirkt das nicht allzu verlockend. Wir umkreisen lieber die Bucht und entdecken dafür eine sehr ansprechende, kleine Nebenstrecke, die auf unserer Karte überhaupt nicht eingezeichnet ist und Rudine entlang der Küste mit dem Nordende Krks verbindet.

Am Ende dieses Schleichwegs erreichen wir die mächtige Brücke, die Krk mit dem Festland verbindet. Eigentlich sind es ja zwei Brückenbögen, die von 1976 bis 1980 erbaut wurden. Bei ihrer Eröffnung galt der größere der beiden Bögen als die am weitesten gespannte Betonbogenbrücke der Welt; insgesamt verwendete man über 20 000 Kubikmeter Beton für diese gewaltigen Bauwerke. Staunend stehen wir am Ufer und lassen die riesigen schneeweißen Brücken auf uns wirken. Aber noch wollen wir Krk nicht verlassen, und so machen wir kehrt und düsen hinüber auf die Westseite der Insel, wo wir noch ein bisschen über kleinere Nebenstrecken nach Glavotok und Amar kurven und schließlich den Tag in Krk ausklingen lassen. Dort wartet ja auch unser Zelt auf uns – und der edle Tropfen aus Vrbnik. Nach einigen kleineren Abstechern genießen wir dann am nächsten Tag doch noch die Brückenüberquerung, erreichen etwas südlich von Rijeka das Festland und lassen damit die Insel Krk hinter uns.

Überbrückt – nach Krk geht's via Straße.

PRAKTISCHE HINWEISE

ALLGEMEINES

Rab ist etwa 22 km lang, bis zu 8 km breit und, in der Kvarner Bucht liegend, die südlichste der Kvarner Inseln. Sie ist etwa zur Hälfte mit Wald bedeckt und gehört damit zu den waldreichsten Inseln Kroatiens. Die auf der Insel liegende gleichnamige Stadt Rab, das Zentrum der Insel, zählt rund 1600 Einwohner.

Krk ist wesentlich größer, etwa doppelt so lang und mit ca. 405 km^2 Fläche die zweitgrößte Insel der Adria. Krk verfügt über einen internationalen Flughafen und ist touristisch sehr gut erschlossen. Die Stadt Krk zählt etwa 3000 Einwohner.

Rab ist im Süden mit der Fährverbindung von Jablanac nach Mišnjak erreichbar. In der Hauptsaison verkehrt auch eine Fähre zwischen Rab und Krk, von Lopar nach Baška. Krk ist entweder über diese Fähre oder über die Brücke südlich von Rijeka erreichbar.

KLIMA UND REISEZEIT

Die beste Reisezeit für beide Inseln ist das Frühjahr, wenn es überall grünt und die Macchia blüht. Besonders schön ist es auch im frühen Herbst, wenn die Temperaturen nicht mehr ganz so hoch sind und die Touristenströme auf Krk wieder ein wenig versiegen. Im Hochsommer kann es richtig heiß werden; meist herrscht aber ein eher angenehmes mediterranes Klima. Rund 2500 Sonnenstunden (zum Vergleich: München hat ca. 1700) machen die Region zu einer der sonnigsten Europas.

MOTORRAD FAHREN

Die Möglichkeiten auf Rab sind recht überschaubar, für größere Ausflüge ist einfach zu wenig Platz. Anders sieht die Situation auf Krk aus, wo es zahlreiche Neben-

Spannende Alternative zum Motorradfahren – einfach mal mit dem Boot raus aufs Meer

strecken gibt, die sich aufs Geratewohl erkunden lassen, denn man kann sich ja gar nicht groß verfahren. Irgendwie kommt man immer auf die Inselhauptstraße zurück – und entdeckt so spannende kleine Buchten und Eckchen.

TOURENLÄNGE

235 km

SEHENSWERTES

Die beiden namengebenden Orte der Inseln Krk und Rab sind interessant und abwechslungsreich, und vor allem die Altstadt von Rab weiß mit ihrer exponierten Lage zu begeistern. Mit dem Motorrad kann man auf die Bergspitze des Kamenjak auf Rab (mit fantastischer Aussicht!) hinauffahren.

Auf Krk lädt die auf einem Felsen gelegene Stadt Vrbnik zu einer Entdeckungsrunde ein. Auch wenn die Insel per Fähre erreicht und verlassen wird, sollte man unbedingt einen Blick auf die beeindruckende Brücke zum Festland werfen, und auch die Altstadt von Krks südlichem Fährhafen Baška ist einen Besuch wert.

ESSEN UND TRINKEN

Leckeren frischen Fisch, Scampi und andere Krebse gibt es auf beiden Inseln überall in Hülle und Fülle. Sehr beliebt und gut sind auch das Lammfleisch von der Insel Krk, der einheimische Schafskäse sowie der geräucherte Schinken Pršut. Dazu schmeckt besonders gut der Vrbnička žlahtina, der Krker Weißwein mit kontrolliertem geografischem Ursprung, aus dessen Traubenresten auch verschiedene einheimische Schnäpse gebrannt werden.

UNTERKUNFT

Übernachtungsmöglichkeiten finden sich sowohl auf Krk als auch auf Rab reichlich, vom Hotelzimmer bis zur Privatunterkunft – einfach auf die Schilder achten. Es gibt auch zahlreiche Campingplätze; wir waren mit dem Camping »Ježevac« gleich bei Krk sehr zufrieden. Hier werden übrigens auch ansprechende Häuschen für insgesamt bis zu fünf Personen vermietet.

KARTE

Vor Ort empfiehlt sich die Marco Polo Karte 1:200 000, Istrien, Kroatische Küste Nord und Mitte.

ADRESSEN UND INTERNET

Für telefonische und schriftliche Anfragen stehen die beiden Kroatischen Zentralen für Tourismus bereit: entweder in der Sonnenstraße 8, 80331 München, Tel. 089/22 33 44, oder in der Stephanstraße 13, 60313 Frankfurt, Tel. 069/238 53 50 (Infos im Internet unter www.croatia.hr).

Sehr informativ ist auch www.krkinfo.com sowie www.rab-croatia.com; hier lassen sich auch zahlreiche Unterkünfte buchen.

IM LAND DER PIRATEN

Makarska, das steht für unbeschwerte Lebenslust und sonnenverwöhnte Urlaubsfreude. Im Hinterland locken geniale Motorradstrecken im mächtigen Biokovo-Gebirge.

Knackige Kurven und kernige Kehren – hier gibt's herausfordernde Bergstraßen en masse.

Nichts zu hören außer dem gleichmäßigen Rauschen der Wellen, die unablässig gegen den Kiesstrand und die Felsen anrollen. Ab und zu vielleicht noch eine schreiende Möwe, die mit neugierigen Augen die kleinen Fischerboote verfolgt, die draußen auf den Meereswellen herumschaukeln. Ich strecke meinen Kopf aus dem Schlafsack, geblendet von den ersten Sonnenstrahlen, die durch das rote Tuch des Zelts fallen. Ein paar Sekunden, um munter zu werden, dann arbeite ich mich zum Ausgang vor, ziehe den Reißverschluss hoch und genieße erst mal lange den fantastischen Ausblick. Im kniehohen, noch feuchten Gras leuchtet unser Zelt in der Sonne. Nur ein paar Schritte weiter geht es zwei, drei Meter hinunter zum Wasser. Außer den Booten vor der Küste und den Fischern, die gerade ihre Netze einziehen, herrschen Einsamkeit und Ruhe, Natur und Idylle pur.

IDYLLE AM MEERESUFER

Kaum zu glauben, dass wir uns mitten in der Hauptsaison auf einem kroatischen Campingplatz befinden. Okay, er ist klein und nicht üppig ausgestattet, aber die Lage direkt am Meer, nur wenige Kilometer nördlich von Drvenik und nicht weit von Makarska, gleicht das allemal aus. Immer wieder finden sich entlang der Jadranska magistrala solche kleinen, idyllisch gelege-

An der Makarska Riviera gibt's tolle Buchten ...

... und eine fantastische Küstenstraße.

nen Plätze. Und mehr als eine saubere Dusche und Toilette und ein schöner Platz am Wasser muss es für uns gar nicht sein. Zudem ist unser Platz das ideale Basislager für Touren rund um Makarska, durch dessen fantastisches Hinterland oder für eine Tagestour über die Insel Hvar.

Für unser Frühstück soll vorerst mal eine Tasse Kaffee reichen. Während das Wasser auf dem Gaskocher brodelt, ziehen wir unsere Mopedklamotten über und machen das Zweirad klar. Dann düsen wir auch schon los, und entlang der Jadranska magistrala geht es in Richtung Norden nach Makarska. Der gesamte Küstenabschnitt zu Füßen des Biokovo-Gebirges nennt sich Makarska Riviera und ist einer der schönsten der kroatischen Küste. Fast ohne Unterbrechung, außer für die Ortsdurchfahrten, geht es weit oberhalb des Meeres und unterhalb der Gebirgszüge entlang. Spannende, lang gezogene Kurven, enge Kehren und die eine oder andere Gerade für den langen Ausblick aufs Wasser machen die Strecke für den Motorrad-Reisenden einfach perfekt. Beim Passieren der Orte sollte man allerdings ein wenig Vorsicht walten lassen, denn die kroatische Polizei kontrolliert hier des Öfteren die Geschwindigkeit – und wer arg zu schnell unterwegs ist, reißt schon mal ein Loch in seine Urlaubskasse.

TOUR-TIPP

Der Geologiepfad im Biokovo

Mehr als nur trockenen Geologieunterricht bietet der Geologiepfad bei Lemišini doci, in der Nähe der Einfahrt auf die Straße, die auf den Sveti Jure führt. Der Pfad ist überschaubar, gut 20 Minuten reichen für eine Strecke. Anhand informativer Tafeln mit Zeichnungen werden die Phänomene der Karstlandschaft anschaulich erklärt; die umliegenden Kalksteinflächen sind begehbar und sehr interessant. Die Gruben und Fugen in der felsigen Oberfläche sind oft mit Wasser gefüllt und haben daher recht skurrile Formen; hier fühlen sich Insekten- und Salamanderlarven wohl. Das Herumstöbern in der Karstlandschaft macht viel Spaß, man sollte jedoch unbedingt darauf achten, den Rückweg auch wiederzufinden!

Omis – hier hausten einst Piraten.

MOPEDFAHREN WIRD ZUR HÖLLE

Richtig gefährlich und unberechenbar wird die Jadranska magistrala bei Regen; dann ist sie tatsächlich spiegelglatt, und auch wenn man selbst noch so vorsichtig unterwegs ist, können schlitternde oder drängelnde Autofahrer das Motorradfahren zur Hölle machen. Heute aber scheint die Sonne, und wir lassen uns den warmen Fahrtwind in den Helm pusten, genießen die Schräglagen, und mit einem kurzen Dreh am Gasgriff überhole ich so manches Gefährt.

Das sonst so quirlige Makarska empfängt uns am frühen Vormittag noch mit relativer Ruhe. Mit Blick auf den Hafen und aufs Meer gönnen wir uns in einem der Straßencafés den zweiten Teil des Frühstücks. Zwar bietet Makarska eine Menge Sehenswertes, doch das wollen wir uns für den Abend aufheben. Also sitzen wir bald wieder auf der GS und rauschen weiter die Küste entlang. Über Baška Voda erreichen wir schnell Dubci. Hier gilt es, die Abfahrt ins Landesinnere nicht zu verpassen. Die Landstraße 39 zweigt rechts ab und führt in großen Schleifen zügig hinauf in die Berge. Natürlich legen wir auf dieser Strecke den einen oder anderen Stopp ein, um das herrliche Küstenpanorama genießen zu gönnen. Noch ein, zwei Schlenker, zwei Kilometer geradeaus, dann heißt es wieder abbiegen. Die schmale Nebenstrecke entlang des Flusses Cetina ist ein Mopedrevier allererster Güte: Kaum befahren und kurvenreich führt sie an der Schlucht entlang, die der Fluss über Jahrtausende in die Landschaft feilte. Ab und an passieren wir ein kleines Dorf oder ein paar Häuser. Die Menschen dieser Region scheinen begnadete Autobastler zu sein, denn vor jedem Haus und in scheinbar jedem Garten stehen diverse Autos als Ersatzteillieferanten für das Familienfahrzeug. Je näher wir Omis kommen, umso mehr nähert sich die Straße dem Fluss. Während einer kleinen Pause sehen wir eine Gruppe in Schlauchbooten an uns vorbeipaddeln. Die Cetina ist ein beliebtes Raftingrevier, und so fröhlich-nass, wie die Bootsbesatzung aussieht, scheint ihre Befahrung eine Menge Spaß zu machen.

IM ZENTRUM DER PIRATERIE

Um ein Haar wäre übrigens dieser gesamte Unterlauf der Cetina im Kroatienkrieg 1995 mitsamt einigen Städten einer gewaltigen Katastrophe zum Opfer gefallen. Eine auf serbischer Seite kämpfende Soldateska versuchte, den Damm des oberhalb bei Sinj liegenden mächtigen Stausees Peručko jezero zu sprengen. Der wurde zwar beschädigt, brach jedoch zum Glück nicht.

Heute ist es hier ungleich friedlicher. Wir genießen die ruhige Fahrt am Wasser entlang und können uns an der Landschaft gar nicht sattsehen. Kurz vor der Küstenstadt Omis öffnen sich die riesigen Felsen und lassen uns in einem tiefen Einschnitt die Cetina passieren, die sich hier breit und gemächlich, türkis leuchtend, dem Meer entgegenschiebt. Unten am Fluss folgt die Straße dem Einschnitt, und unterhalb einer mächtigen Felswand rollen auch wir auf das Meer zu. Omis, heute überwiegend vom Tourismus lebend, war bis ins 14. Jahrhundert hinein ein Zentrum der Piraterie und Seeräuberei. Wer hier die Adria passierte, musste entweder hohe Schutzgelder bezahlen oder es nahm ein schlimmes Ende mit ihm.

STEILE SERPENTINEN UND ZAHLREICHE SCHLENKER

Wir überqueren die Cetina auf der Jadranska magistrala, die hier mitten durch den Ort führt. Gleich hinter der Brücke setze ich wieder den Blinker und biege rechts ab, folge dem Flusslauf erneut ins Hinterland. In vielen Serpentinen, um grauen Fels herum und durch Tunnel führt der Asphalt steil bergan und wir passieren einen Aussichtspunkt nach dem anderen. Am Höhepunkt dieser gebirgigen Strecke steht die riesige Statue der Heiligen Gojsalića. Sie soll einst Omis vor einem türkischen Überfall beschützt haben. Der Blick auf die türkis leuchtende Cetina, auf das blaue Meer, das Grün des Tales inmitten der gewaltigen Felsen ist atemberaubend, und es fällt einem schwer, sich von diesem tollen Anblick loszureißen.

Nun geht es wieder hinunter, und wir rollen aus den Bergen an der Küste landeinwärts hinab ins Tal. Irgendwann treffen wir auch wieder auf die Cetina, die sich hier ein Stück des Tales mit der neuen Autobahn teilt, die im Lauf der nächsten Jahre die Jadranska magistrala entlasten soll. Viele Kilometer rollen wir nun auf der Landstraße in Richtung Südosten. Zwar treffen wir manchmal auf Lastwagen, die wohl eine der zahlreichen Autobahnbaustellen beliefern, aber schnell sind wir an denen vorbeigezogen. Im Tal nördlich des Biokovo fühlt man sich in eine längst vergangene Zeit zu-

Die Berge im Hinterland liefern großartige Ausblicke.

Zum Kurvenzählen braucht es hier schon höhere Kenntnisse der Mathematik.

Hoch oben in den Bergen ...

rückversetzt: vereinzelte Höfe, ab und an eine kleine Siedlung und die Straße meist leer. So geht es bis Vuletići, dann lockt uns eine steile Serpentinenstrecke wieder ins Biokovo-Gebirge. Über zahlreiche Schlenker arbeiten wir uns hinauf, um uns mit demselben Spaß auf der Meerseite wieder herunterzustürzen. Aber nicht bis ganz zum Wasser hinab, denn für das absolute Highlight der Region heißt es auf halber Gefällestrecke rechts abbiegen.

SCHNEEBALLSCHLACHT IM HOCHSOMMER

Dort geht es hinauf zum Sveti Jure. Der mit stolzen 1762 Metern höchste Berg Kroatiens liegt mitten im Nationalpark Biokovo. Als wir die Auffahrt passieren wollen, versperrt ein Schlagbaum den Weg. Aber für 10 Kuna Maut (gerade mal 1,40 Euro) kurbelt ein freundlicher Parkwächter die Schranke hoch und wir können passieren. Die Strecke ist geradezu atemraubend: Das erste Stück der rund 20 Kilometer langen Auffahrt schlän-

... und an der Küste – Traumstraßen im Biokovo

gelt sich noch mit reichlich Kurven durch dichten Wald, der allerdings schnell immer lichter wird. Bald begleitet uns nur noch grauer, mächtiger Fels auf der Strecke. Steinblöcke, mit großen Lücken dazwischen, ersetzen die Leitplanke, und dahinter geht es oft steil hinunter. Wie eine Bergziege klettert die BMW den steilen Asphalt empor. Irgendwann teilen wir uns mit einem einsamen Pferd die Straße, das eine Zeit lang vor uns herläuft. Je höher wir uns schrauben, desto schmaler wird der Weg. Vereinzelte Aussichtspunkte setzen Akzente am Straßenrand, und schon von hier (wir sind noch lange nicht am Gipfel angelangt) ist das Küstenpanorama einmalig. In der steilen Felswand ist die Straße nur noch einspurig, auf vielen Metern Strecke gibt es keine Ausweichmöglichkeiten mehr. Aber außer einem einheimischen Motorradfahrer begegnen wir hier oben sowieso niemandem. Schließlich erreichen wir den Gipfel: Einfach phänomenal, ein unglaubliches Panorama breitet sich zu unseren Füßen aus! Mitten im Sommer werfen wir uns die Schneebälle um die Ohren und genießen die kalte Höhenluft.

91 000 KILOMETER IN 19 MONATEN

Auch der andere Motorradfahrer trudelt nun ein; er heißt Željan Rakela, ein Kroate aus Split. Seine BMW hat er mit unzähligen Länderaufklebern gespickt, kaum eine Stelle ist noch frei. Er erzählt, dass er in knapp zwei Jahren rund 91 000 Kilometer durch Europa und Asien reiste, aber jetzt würde er nur mal einen kleinen Tagestrip machen; nächste Woche ginge es dann für drei Tage nach Irland. Respekt, demgegenüber erscheint unsere Kroatientour gerade mal wie ein kleiner Ausflug.

Auch bergab macht die Sveti-Jure-Route ordentlich Spaß. Fast ohne Gas rollen wir in Richtung Küste bis zum Schlagbaum zurück, dann geht es über die gut ausgebaute Bergstraße wieder auf die Jadranska magistrala, und schließlich trudeln wir auf dem romantischen Campingplatz bei Drvenik ein. Nach dieser Runde ist unser Bedarf am Fahren für heute gedeckt, aber an Aufbruch noch nicht zu denken. Schließlich will Makarska entdeckt und die eine oder andere Route durch dessen Hinterland unter die Reifen gebracht werden.

An der Einfahrt zum Nationalpark öffnet sich für kleines Geld die Schranke.

PRAKTISCHE HINWEISE

ALLGEMEINES

Makarska liegt an der dalmatinischen Küste zwischen den Inseln Brač und Hvar und hat etwa 14 000 Einwohner. Gleich hinter Makarska türmt sich das Biokovo-Gebirge mit dem höchsten Gipfel Kroatiens, dem 1762 m hohen Sveti Jure, auf.

Makarska blickt auf eine abwechslungsreiche Geschichte zurück. Gegründet von den Illyrern, kamen später die Slawen, dann wurde Makarska Teil des kroatischen Königreichs. Es folgten die Venezier und die Österreichisch-Ungarische Monarchie.

Die Hauptwirtschaftsbereiche der Region sind Landwirtschaft, Handel und Fischerei. Mit dem Bau des ersten Hotels um 1914 begann der Tourismus zu erblühen. Ein Teil des Biokovo-Gebirges ist seit 1981 als Naturpark besonders geschützt. Der Park erstreckt sich auf einer Länge von ungefähr 50 km in etwa vom Küstenort Brela bis zum südlich davon gelegenen Küstenstädtchen Gradac.

KLIMA UND REISEZEIT

Das Biokovo-Gebirge schützt Makarska sehr gut vor dem kontinentalen Klima. Dadurch überwiegt das mediterrane Klima mit milden, kurzen Wintern und langen, warmen Sommern; meist weht ein angenehmer Wind.

In Makarska scheint mehr als 2750 Stunden pro Jahr die Sonne. Vom zeitigen Frühjahr bis in den späten Herbst hinein herrschen meist angenehme Temperaturen – ideal zum Motorradfahren. Selbst der Hochsommer bleibt durch den häufig wehenden Wind angenehm erträglich. Außerhalb der Hauptsaison kann es in den Bergen jedoch relativ frisch werden. Dann sollte man immer ein paar zusätzliche warme Sachen im Gepäck haben.

MOTORRAD FAHREN

Die Küstenstraße, die Jadranska magistrala, ist eine echte Traumstraße: Zu Füßen der mächtigen Gebirgszüge führt sie teilweise hoch über dem Meer, manchmal auch direkt am Wasser entlang. Das Fahren macht jede Menge Spaß. Der endet allerdings bei Regen und Nässe, denn dann wird die Magistrala zur echten Rutschpartie.

Die beschriebenen Nebenstrecken sind ideal für Entdeckungstouren geeignet, und auf den Bergstrecken locken jede Menge kernige Kurven. Zwar gibt es in Makarskas Hinterland auch einige ansprechende und verlockende Enduro-Strecken, doch im Naturpark Biokovo sollte man sich mit Offroadtouren natürlich zurückhalten.

TOURENLÄNGE

160 km

SEHENSWERTES

An Makarskas Uferstraße Mala Obala liegt das Franziskanerkloster aus dem Jahr 1400. Das hat nicht nur einen sehr schönen und sehenswerten Kreuzgang, sondern beherbergt auch ein sehr interessantes Muschelmuseum.

Sehr schön ist außerdem der historische Stadtkern, den man vom Pier über einige Treppenstufen und über den Platz Kačićev trg erreicht. In Makarska legt die Fähre zur Insel Brač ab, die sich als Ausflugsziel anbietet (siehe Tour 11).

Bei Omis sollte man unbedingt die Aussicht vom Standplatz der Statue der Heiligen Gojsalića genießen; dazu fährt man die westliche Straße entlang der Cetina hinauf. In Omis locken zudem die Reste der beiden Festungen Starigrad und Mirabella. Ein kulturelles Highlight in Omis ist die kleine Kirche Sveti Petar aus dem 10. Jahrhundert.

Eines der spannendsten Ziele an der kroatischen Küste ist sicher der Gipfel des höchsten Berges des Landes, des 1762 m hohen Sveti Jure; man erreicht ihn über eine sehr interessante Mautstraße. Außerhalb des Sommers kann

Lust auf ein bisschen Offroad-Spaß? Dafür gibt's im Hinterland immer ein paar Gelegenheiten.

die Auffahrt allerdings durch Schnee beeinträchtigt sein.

ESSEN UND TRINKEN

Eine Spezialität der dalmatinischen Küche ist die Zubereitung von Fisch und Meeresfrüchten auf dem Rost – in Verbindung mit dem feinen Olivenöl der Region einfach köstlich! Außerdem stehen oft leckere Muscheln und Krebse auf den Speisekarten, ebenso die schmackhafte Fischsuppe Brudet.

Wer nicht so auf Fisch steht, sollte den Rinderschmorbraten Pašticada mit Nockerln probieren. Sehr verlockend sind vor allem die üppigen Süßspeisen und die mächtigen Torten – Achtung, hoher Suchtfaktor!
In Dalmatien gibt es köstliches Hochprozentiges; als Beispiel seien hier der Johannisbrotschnaps Rogacusa und der Nussschnaps Orahovica genannt. Auch eine ganze Reihe lokaler Weine locken zur Verkostung, die zum Essen oft mit Wasser, manchmal sogar mit Mineralwasser verdünnt getrunken werden. Verschiedene dalmatinische Weine sind unter dem Markennamen Prošek zusammengefasst. Aber Vorsicht, fast alle Prošeks haben einen süßen Geschmack und einen relativ hohen Alkoholgehalt von 15 bis 17 Prozent!

UNTERKUNFT

In Makarska, aber auch entlang der Jadranska magistrala, finden sich reichlich und problemlos Übernachtungsmöglichkeiten, vom Hotelzimmer bis zur Privatunterkunft – einfach auf die Schilder achten. Es gibt eine ganze Reihe Campingplätze entlang der Küste; manche sind sehr einfach, bieten allerdings auch eine fantastische Lage.

KARTE

Vor Ort empfiehlt sich die Marco Polo Karte 1:200 000, Istrien, Kroatische Küste Nord und Mitte.

ADRESSEN UND INTERNET

Für telefonische und schriftliche Anfragen stehen die beiden Kroatischen Zentralen für Tourismus bereit: entweder in der Sonnenstraße 8, 80331 München, Tel. 089/22 33 44, oder in der Stephanstraße 13, 60313 Frankfurt, Tel. 069/238 53 50 (Infos im Internet unter www.croatia.hr).

www.makarskainfo.com informiert über Makarska und das Umland; hier lassen sich Unterkünfte buchen. www.visitomis.hr ist das Pendant für Omis und www.baskavoda.hr für Baška Voda.

Wasserstraße – das Meer
ist fast immer in Sichtweite.

DIE LANGEN DÜRREN

Die Inseln Cres und Lošinj sind an der schmalsten Stelle nur ein paar Meter breit, aber ziemlich lang. Sehr groß ist auch die Freude, sie mit dem Motorrad zu erforschen.

Insel-Hopping nennt man das wohl. Gerade waren wir noch auf der zweitgrößten Insel der Adria, auf Krk, und jetzt schaukeln wir schon mit der Fähre durch die Meerenge Srednja Vrata, mit Kurs auf die Insel Cres. Und während Krk für uns gefühlt eigentlich gar keine so richtige Insel ist, weil per Brücke erreichbar, geht es nach Cres nur mit dem Schiff. Das ist aber nur ein kleiner Hopser: Den Ankunftshafen ständig vor Augen, schippern wir gerade mal eine halbe Stunde über das Meer.

In Merag, der kleinen Hafenstadt von Cres, muss unsere BMW gleich Schwerarbeit leisten – steil geht es hoch auf die Inselhauptstraße, die sich wie ein langes Band rund 70 Kilometer von einem Ende der Insel zum anderen windet. Nach ein paar Minuten biegen wir in den Ort Cres ein, die Inselhauptstadt, die gut geschützt in einer riesigen Bucht liegt. Kein Wunder, dass diese Ecke der Insel bei vielen Freizeitskippern so beliebt ist. Im großen Jachthafen liegen mindestens 150 Boote jeglicher Couleur, und am Pier schaukeln die Ausflugsschiffe. Dicht gedrängt ankern Dutzende weitere Kähne in den Wasserarmen, die bis weit ins Zentrum des Orts hineinreichen. Viele Bootsbesitzer könnten wahrscheinlich von ihrem Wohnzimmerfenster aus direkt ins Boot springen. Dass sich auf den Promenaden vor den teilweise recht farbenfrohen Häuserfronten einige ansprechende Cafés finden, verwundert nicht. Auch ich parke die GS gleich neben dem Tisch, und für einen heißen Kaffee lassen wir uns einfach nur in die bequemen Stühle fallen.

BADEN STRIKT VERBOTEN

Wenig später verlassen wir die Hafenstadt Cres in Richtung Süden. Stetig bergan windet sich die Straße aus dem Ort heraus und führt über die Höhenzüge. Bei Vrana bietet sich ein herrlicher Rundumblick, sogar hinunter ins Tal und auf den Vransko jezero. Die gesamte Insel wird aus diesem fast sechs Quadratkilometer großen See mit Trinkwasser versorgt. Baden und Bötchen-

Küstendörfchen mit Flair – Valun

Klar und sauber – in den Buchten gibt's reichlich Gelegenheiten für ein erfrischendes Bad.

An der Brücke zwischen Cres und Lošinj

fahren sind deshalb strikt verboten. Auf der Landstraße 100 düsen wir weiter, passieren zwei, drei kleine Dörfer und finden uns schließlich in Osor wieder. Ursprünglich waren Cres und die Nachbarinsel Lošinj hier über eine schmale Landenge miteinander verbunden. Die Römer trennten schließlich die beiden Inseln voneinander, indem sie einen schiffbaren Kanal aushoben. Fischer- und Ausflugsboote tuckern auch heute noch durch diese Enge, wozu die Drehbrücke auf die Seite gefahren wird. Osor selbst, einst sogar Hauptstadt der Insel, ist heute mit seinem historischen Stadtkern nur noch von touristischer Bedeutung.

Wir rumpeln über die Brücke und setzen unsere Tour entlang der Ostküste Lošinjs fort. Mit jedem Meter entfernen sich die Küsten der beiden Inseln voneinander, und schließlich öffnet sich bei Ćunski die Bucht, der Lošinjski-Kanal, in die Adria. Wir fahren derweil auf das Südende Lošinjs zu. Die Insel wird immer schmaler, und an der herrlichen Bucht vor der Inselhauptstadt Mali Lošinj reicht ihre Breite gerade noch für die Straße aus. Mit einem Blick hat man das Meer auf beiden Seiten im Auge. Die Ufer bieten sich hier für erholsame Picknicks an – wohl dem, der dafür alle Zutaten in seinem Topcase hat.

TOUR-TIPP

Die Delfine von Lošinj

Die Adria rund um die beiden Inseln Cres und Lošinj ist bekannt für ihr Delfin-Vorkommen. Eine große Wasserfläche ist aus diesem Grund als Schutzgebiet für Delfine eingerichtet. Die Tiere werden intensiv erforscht und bisher wurden etwa 120 Delfine vor Ort erkannt und gezählt. Ihr Lebensraum verteilt sich um die beiden Inseln und bis zu 1500 Kilometer hinaus ins Meer. Zum Schutz der Tiere gibt es in Kroatien mehrere Organisationen und Kampagnen. Wer einen Teil zum Erhalt dieses wertvollen Bestandes beitragen möchte, kann einen Delfin adoptieren. Das ist vor Ort in Veli Lošinj möglich, es geht aber auch über das Internet auf der Seite www.blue-world.org. Seit 1993 gibt es jedes Jahr am ersten Samstag im August in Veli Lošinj den Tag der Delfine. In Form eines Stadtfestes starten dann Ausstellungen, Info-Veranstaltungen, ein Open-Air-Konzert und vieles mehr. Auf Cres und Lošinj werden auch sehr schöne und interessante Bootsfahrten angeboten, die die Region aus einer völlig neuen Perspektive zeigen. Mit ein bisschen Glück gibt es dann auch die Delfine zu sehen.

TAUSCHE MOTORRADSTIEFEL GEGEN WANDERSCHUHE

Mali Lošinj liegt sehr romantisch am Ende einer Bucht. Natürlich ist auch hier der Hafen voll dümpelnder Boote, und die Promenade lädt zum Flanieren und Pausieren ein. Klar, auch Kiki und ich vertreten uns hier die Beine, lustwandeln ein wenig durch die Gassen und über die Kaimauern und gönnen uns in einem der freundlichen Restaurants einen fangfrischen Fisch. Veli Lošinj, der kleine Ableger von Mali Lošinj, liegt drei Kilometer weiter, zwar nicht am Ende der Insel, aber am Ende der Straße. Die restlichen vier, fünf Kilometer sind ideales Wanderrevier; hier geht es nur zu Fuß weiter. Wer mag, tauscht seine Motorradstiefel gegen Wanderschuhe und besteigt den rund 240 Meter hohen Pogled. Zur Belohnung erhält man einen fantastischen Rundblick über die Adria mit ihren unzähligen Inseln und Riffen.

Wir machen kehrt, steuern die Strecke zurück und passieren erneut bei Osor die Drehbrücke nach Cres. Die wird diesmal von zwei uniformierten Polizisten bewacht, deren Auftrag sich uns allerdings nicht erschließt. Mit einem freundlichen Gruß verabschieden die beiden uns von Lošinj.

MENSCHENLEERES LAND

Es wäre zu schade, für den Weg zurück nur der Inselhauptstraße zu folgen, dafür gibt es einfach zu viele Abstecher und Nebenstrecken. Die erste davon führt uns vier Kilometer hinter Osor in Richtung Westküste und auf die Anhöhe des kleinen Orts Ustrine. Ein toller

Altertümchen und stille
Idylle – Osor

Ein Café gibt's in jedem kroatischen Küstenstädtchen.

Rundblick über die Landschaft und eine sehr schöne Abfahrt zur malerischen Küste hinunter entschädigen für den Umweg. Nur drei Kilometer weiter auf der Hauptstraße heißt es erneut abbiegen, und in Belej halten wir uns Richtung Westküste. Bis zum Küstenstädtchen Martinšćica fahren wir noch auf breitem Asphaltband, dann wird die Straße immer schmaler und vor allem immer einsamer. Auf der Westseite des Vransko jezero windet sich die Piste durch scheinbar menschenleeres Land. Dichte Grasbüschel mitten auf der Fahrbahn zeugen von eher spärlichem Verkehr, und gäbe es denn einmal Gegenverkehr, dann müsste mindestens ein Fahrzeug ins Grün ausweichen. Bei Lubenice, dem kleinen, überschaubaren Bauernort mit weniger als hundert Einwohnern, aber sechs Kirchen, endet die Straße. Wir rollen ins Dorf, stellen irgendwo das Motorrad ab und klettern den holprigen Serpentinenpfad zum kleinen Hafen Luka hinunter. Wo sich jetzt ein einladender Badestrand präsentiert, zogen einst die Fischer von Lubenice ihren Fang und ihre Boote an Land.

Ein kleines, aber feines Highlight auf der Insel Cres ist das Küstendörfchen Valun, das an einer kurzen Stichstraße am Rand der Bucht südwestlich von Cres liegt. Eine steile, kurvige Abfahrt führt ins Dorfzentrum

Nette Atmosphäre in Mali Lošinj – Lošinjs Hauptort

hinunter, und in der Hochsaison steht schon mal ein Posten oben an der Straße und bittet darum, das Dorf nicht zu befahren. Kein Wunder, die Dorfstraße, gleichzeitig Hafenpromenade, ist gerade mal autobreit, und selbst nur ein paar Blechkarossen würden im überschaubaren Dorfzentrum für ein Verkehrschaos sorgen. Motorradfahrer bleiben natürlich unbehelligt, und so kurven wir hinunter und fahren quer durchs Zentrum, zentimeternah an den Tischen des Straßencafés vorbei. Das kommt natürlich einer Einladung gleich, und für eine ganze Weile genießen wir die beschauliche Ruhe dieses kleinen Fleckens bei einer Tasse Cappuccino.

SEEGANG UND GESCHAUKEL

Wieder zurück auf der Hauptstraße gehen wir den Norden der Insel an. Zügig fliegen wir an der Stadt Cres vorbei und steuern bergauf, bergab, mal rechts, mal links durch die Hügelkette. Dünn besiedeltes Land, eine leere Straße. Eine einsame Ziege, vielleicht irgendwo ausgebüxt, steht am Straßenrand und schaut uns interessiert hinterher. Je weiter wir nach Norden kommen, umso grauer wird das Land. So weit das Auge reicht, steigen graue Stufen und Terrassen in die Höhe, gespickt mit Tausenden von Olivenbäumen. Kaum vorstellbar, mit welcher Knochenarbeit hier einst kleine Überreste fruchtbaren Bodens dem Gestein abgerungen wurden. Den Olivenbäumen scheint es zu gefallen, sie sind prall gefüllt mit grünen Früchten.

Wir legen nun unsere letzten Meter auf Cres zurück, dann liegt die Nordspitze vor uns, wo die Fähre hinüber nach Istrien ablegt. Unten im Hafen treffen wir zwei weitere Motorradfahrer aus Deutschland, und gemeinsam warten wir auf das Schiff, das uns über die Kvarner Bucht schippern soll. Dass sich in den letzten Stunden so richtig Wind entwickelt hat, merken wir erst, als die Fähre sich schon einige Meter von Cres entfernt hat. Bei ordentlich Seegang und Geschaukel verabschieden wir uns von der größten Insel der Adria.

Das Städtchen Cres

PRAKTISCHE HINWEISE

ALLGEMEINES

Cres ist mit knapp 70 km Länge und zwischen 2 und 12 km Breite die größte Insel der Adria und liegt im Norden der Kvarner Bucht. Ihr höchster Gipfel ist der 648 m hohe Gorice im nördlichen Teil der Insel. Die gleichnamige Stadt Cres, größte Ortschaft der Insel, zählt etwa 2500 Einwohner. Mit etwas Glück, so wie wir es hatten, entdeckt man auf Cres Gänsegeier, eine der letzten frei lebenden Kolonien. Cres ist per Fähre entweder von Istrien oder von der Insel Krk erreichbar. Beide Überfahrten dauern etwa eine halbe Stunde.

Von Cres erreicht man über eine kurze Drehbrücke die Nachbarinsel Lošinj. Diese ist etwa halb so lang wie Cres, aber bedeutend schmaler. Nördlich der größten Ortschaft der Insel, Mali Lošinj, reicht die Breite gerade eben für die Straße aus. Höchster Punkt der Insel ist der 589 m hohe Televrina.

KLIMA UND REISEZEIT

Erstaunlicherweise unterscheiden sich die klimatischen Verhältnisse zwischen dem Norden und dem Süden von Cres und der Insel Lošinj. Der Norden hat durchaus kontinentale Einflüsse, während der Süden mediterranes Klima bietet. Dies ist auch an der Vegetation erkennbar. Generell gilt aber, dass von Frühjahr bis Herbst die beste Reisezeit für Cres und Lošinj ist. Die blühende Macchia im Frühjahr, das sommerliche Wetter in der Hochsaison oder der milde Herbst – jede Jahreszeit hat hier ihren eigenen Reiz. Außerhalb der Hauptsaison sollten jedoch warme Sachen im Gepäck nicht fehlen.

MOTORRAD FAHREN

Die beiden Inseln sind ein überschaubares Motorradrevier. Neben der Inselhauptstraße, die sich gut und zügig befahren lässt, gibt es spannende Nebenstrecken. Hier lohnt es sich, einfach drauflos zu fahren, denn verfahren kann man sich nicht, dafür sind die

Das Hafenstädtchen Cres ist die Hauptstadt der gleichnamigen Insel – hier erholten sich schon die Römer.

Inseln zu klein. Die eine oder andere Stichstraße führt zu romantischen Meeresufern, an denen man praktisch allein ist. Für Enduro-Fahrer gibt es auch einige Kilometer Schotterstrecke.

TOURENLÄNGE

170 km

SEHENSWERTES

Die Altstadt des gleichnamigen Orts auf der Insel Cres gruppiert sich um das alte Hafenbecken. Neben den beiden Stadttoren und einigen sakralen Bauten besticht vor allem der Wachturm.

Sehr schön sind auch die beiden kleinen Orte Lubenice und Valun, etwa mittig auf der Westseite der Insel gelegen. Der historische Stadtkern von Osor lockt mit alten Bauten und zahlreichen Skulpturen. In unmittelbarer Nähe liegt Lošinjs höchster Berg, der 589 m hohe Televrina, den man über einen spektakulären Weg von Nerezine aus erwandern kann; dafür wird man mit einer genialen Aussicht hinüber nach Istrien und über die gesamte Kvarner Bucht belohnt.

Mali Lošinj liegt im Süden der Insel Lošinj. Sehr interessant ist der Fischmarkt am frühen Morgen. In Mali Lošinj starten einige Ausflugsschiffe zu spannenden Touren in die Inselwelt. Der Süden ist ein fantastisches Wanderrevier. Bei Mali Lošinj liegt auch ein Flugplatz, wo Panoramaflüge über die Insel angeboten werden.

ESSEN UND TRINKEN

Auf Cres und Lošinj gibt es besonders delikaten Schafskäse. Geschätzt und bekannt ist auch das zarte Lammfleisch, und natürlich finden sich fangfrische Fischspezialitäten sowie Muscheln, Scampi und Krebse auf den meisten Speisekarten, mitunter auch frischer Tintenfisch. Zur Kvarner Küche gehören, vor allem außerhalb der Saison, frisches Wild und im Herbst leckere Pilze.

Unsere persönliche Lieblingsspeise waren allerdings Sardellenfilets, gesalzen oder mit Zitrone mariniert.

Neben den hervorragenden regionalen Schnäpsen und Bränden steht hier natürlich der Wein im Mittelpunkt. Da wären zum einen der Schaumwein Bakarska Vodica, einer der ältesten am Mittelmeer, aber auch der Dessertwein Prosek sowie der bekannte bodenständige Aromawein Vermouth zu nennen.

UNTERKUNFT

Cres und Lošinj quellen zwar nicht über vor Übernachtungsangeboten, aber dennoch finden sich meist problemlos Unterkünfte, vom Hotelzimmer bis zur Privatunterkunft – einfach auf die Schilder achten.

Es gibt einige Campingplätze entlang der Küste, auf denen auch ansprechende Häuschen vermietet werden.

KARTE

Vor Ort empfiehlt sich die Marco Polo Karte 1:200 000, Istrien, Kroatische Küste Nord und Mitte.

ADRESSEN UND INTERNET

Für telefonische und schriftliche Anfragen stehen die beiden Kroatischen Zentralen für Tourismus bereit: entweder in der Sonnenstraße 8, 80331 München, Tel. 089/22 33 44, oder in der Stephanstraße 13, 60313 Frankfurt, Tel. 069/238 53 50 (Infos im Internet unter www.croatia.hr).

Die Internet-Seiten www.insel-cres.net und www.tzg-cres.hr informieren umfassend über Cres. Über die gesamte Kvarner Bucht finden sich Infos unter www.mein-kroatien.info/ kvarner, und die Insel Lošinj wird unter www.val-losinj.hr beschrieben.

Über diese Seiten lassen sich auch zahlreiche Unterkünfte buchen.

Lust auf kurzweilige und herausfordernde Bergtouren? Dann auf ins Velebit!

ÜBER DEN BERG

Der mächtige Gebirgszug des Velebit ist ein riesiger Naturpark von wilder Schönheit. Seine Passstraßen gehören zu den spannendsten Strecken im ganzen Land.

Wer kennt sie nicht, die Rote Zora und ihre Bande. Der gleichnamige Jugendbuchklassiker erzählt von einer Gruppe Waisenkinder und ihren heftigen Konflikten mit den Bürgern von Senj, einem kroatischen Küstenstädtchen. Nicht so bekannt ist dagegen, dass es die Rote Zora tatsächlich gab. Buchautor Kurt Kläber begegnete ihr und ihrer Bande auf einer Jugoslawienreise im Jahr 1940 und verarbeitete die Begegnungen zu dem weltbekannten Roman. Kiki und ich stehen gerade mitten in Senj, gleich am Hafenbecken, und bestaunen die Festung Nehaj, die die Stadt überragt. Sie war einst der Hauptsitz der Uskoken, einer Gemeinschaft, der damals auch die Rote Zora angehörte. Heute dient das wehrhafte Gemäuer als Museum und beliebtes Ausflugsziel.

DIE ROTE ZORA

Wir haben in Senj die Nacht verbracht. Für uns ist Zoras Heimatstadt das ideale Basislager für eine Tour in den Velebit, einen rund 150 Kilometer langen Gebirgszug südlich der Stadt. Und gleich hinter dem Ortsausgang geht es auch schon los mit der Traumstraße für alle einspurigen Fahrzeuge: Die Landstraße 50 schlängelt sich in ordentlichen Kehren die Flanken der Berge empor. Gut ausgebaut und mit motorradfreundlichem Belag versehen, ist sie genau die richtige Piste für jede Menge Mopedspaß. Mehr in Schräglage als in der Waagerechten eilen wir Meter für Meter höher. Rein theoretisch könnten wir, oben angekommen, gleich auf die Autobahn A 1 auffahren, die uns schnurstracks in Kroatiens Süden oder gen Norden führen würde. Aber wer will das schon – Motorrad und Autobahn, das passt halt einfach nicht zusammen, da halten wir uns lieber an die Landstraße.

Die führt uns weiter nach Süden, durch Otočac. Die einstige Festung der Habsburger ist heute ein nettes Städtchen, das wir aber links liegen lassen. Wir folgen lieber der einladenden Strecke entlang des fischreichen Flusses Gacka und düsen parallel zur Autobahn und zu den Höhenzügen weiter. Irgendwo zwischen den rund 1000 Meter hohen Gipfeln der Region überqueren wir die Eisenbahngleise, die den wichtigen Schienenverkehr in den kroatischen Süden bedienen. Auch sie nut-

Das bei Motorradfahrern äußerst beliebte Verkehrszeichen findet sich im Velebit reichlich.

Orientierung? Kein Problem!

zen dieses Tal auf den nächsten Kilometern längs des Velebits.

VON WÖLFEN UND BRAUNBÄREN

Natürlich halten Kiki und ich in den Bergen Augen und Ohren offen, denn schließlich gibt es hier im Naturpark eine reichhaltige und spannende Fauna. Adler kreisen zwischen den Gipfeln, und eine größere Zahl Luchse streift durch die Region. Um die ebenfalls im Velebit vorkommenden Braunbären und Wölfe zu sehen, bedarf es allerdings mehr als nur einer kleinen Portion Glück. Und wer mit dem Motorrad unterwegs ist, dem dürfte das wohl gar nicht passieren – die Tiere sind ungemein scheu. Kein Wunder, mit den Menschen haben sie schon jede Menge schlechte Erfahrung gemacht.

Zügig folgen wir immer weiter der Landstraße 50. Schließlich tauchen die Häuser von Gospić auf. Eher unspektakulär und beschaulich liegt der Ort inmitten einer ausgedehnten, sehr schönen Karstlandschaft. Kaum sind wir wieder aus dem Ort heraus, belohnt uns die Straße mit herrlichen Blicken auf die weit unter uns liegende Küste. Auf der folgenden Bergabstrecke haben sich die Straßenbauer viel Zeit gelassen und jede Menge herrlicher Kurven in die Felsen gesprengt. Aus über 1000 Metern Höhe geht es in leider viel zu kurzer Zeit bis hinunter zur Jadranska magistrala, der Küstenstraße. Hier beginnt, zumindest in Richtung Süden, einer ihrer attraktivsten Abschnitte, stets eingerahmt von Meer und mächtigen Felsen.

BERGSTRAßE MIT HINDERNISSEN

Unser Bedarf an Gebirge ist aber noch längst nicht gedeckt. Also steuere ich gen Norden. Wir fliegen ziemlich genau 25 Kilometer über die Magistrala, dann geht es wieder rechts ab und steil hinauf in den grauen Karst. Noch ein gutes Stück schmaler als bisher krümmt sich der Asphalt durch die Bergflanken,

Der Fischfang – wichtiger Wirtschaftsfaktor in Kroatien

teilweise geht es nur noch einspurig weiter, aber wen kümmert's? Gegenverkehr gibt es hier nur alle Jubeljahre einmal.

Ruckzuck haben wir eine auf 1340 Metern Höhe gelegene bewirtschaftete Hütte erreicht. Eigentlich, so erfahren wir später, sollte sie von Juli bis September geöffnet haben, aber heute ist hier alles verriegelt und niemand zu sehen. An der Hütte endet auch der Asphaltbelag. Für die nächsten sechs Kilometer geht es über unbefestigte Wege. Das dürfte aber selbst für schwere Cruiser kein Problem sein, sollte es nicht gerade tagelang geregnet haben. Wir kommen gerade mal zwei Kilometer weit, dann ist Schicht – nicht etwa, weil der Weg so schlecht wäre, sondern weil gerade Bäume gefällt werden. In respektvollem Sicherheitsabstand lasse ich die BMW ausrollen. Ein freundliches Winken, und schon fräsen die beiden Forstarbeiter mit ihren Motorsägen eine Gasse für uns frei. Zehn Minuten später geht es weiter, und bald schon haben wir wieder festen Boden unter den Reifen.

Kroatiens Küstenlandschaft lässt sich prächtig genießen.

TOUR-TIPP

Die Höhlen des Velebit

Im Naturpark Velebit lassen sich die markanten Höhlen auf eine ganz besondere Art besuchen und erforschen: Die Eisenbahngesellschaft Hrvatske eljeznice fährt mit Ausflugszügen die Cerovac-Höhlen an. Diese bestehen aus einer Oberen und einer Mittleren sowie einer Unteren Höhle. Letztere ist mit einer Länge von etwa 700 Metern für Besucher geöffnet. Die Höhlen wurden beim Bau der Eisenbahnlinie Zagreb–Split zu Beginn des vergangenen Jahrhunderts entdeckt und gehören zu den schönsten Höhlen Kroatiens. Deshalb sind sie seit 1961 als geologische Naturdenkmäler gesetzlich geschützt. 1981 wurden sie Teil des Naturparks Velebit. Zudem gelten die Höhlen als eine der bedeutendsten Fundstellen des Höhlenbären in Kroatien. Neben zahlreichen archäologischen Überresten aus der Bronze- und Eisenzeit wie Keramiken, knöcherne Speere und Bronzespaten wurden hier auch ein fossiler Menschenknochen und eine Bronzeaxt gefunden, die offensichtlich Höhlenbär-Jägern gehörten. Die Cerovac-Höhlen liegen etwa vier Kilometer südöstlich von Gračac im Süden des Velebit (weitere Infos unter www.pp-velebit.hr).

AM ENDE DER WELT

Hier oben in den Bergen fühlen wir uns wirklich, als wären wir am Ende der Welt. Niemand begegnet uns, keine Menschenseele zu sehen, und schließlich fahren wir auch noch, obwohl es Hochsommer ist, an meterhohen Schneewehen vorbei. Logisch, die Gelegenheit muss man nutzen, und schon fliegen ausgelassen Schneebälle hin und her. Wie praktisch, wenn dabei der Helm auf bleibt und man sich so richtig alles geben kann, ohne dass dabei etwas – im wahrsten Sinn des Wortes – ins Auge geht.

Krasno Polje, das kleine Dorf wenige Kilometer weiter, ist bekannt für seine hervorragende Käserei. Also versorgen wir uns mit einem leckeren, würzigen Eckchen, ehe wir weiter gen Norden fahren. Langsam, aber sicher, geht es auch wieder bergab. Und wie immer, wenn die Küste in Sicht kommt, bieten sich sogleich fantastische Ausblicke: Diesmal sind es die Inseln Rab und Krk und all die vielen kleinen namenlosen Eilande, die verstreut in der tiefblauen Adria liegen und uns so gut gefallen. Fast hätten wir vor lauter Begeisterung über die wunderbare Aussicht den Fuchs übersehen, der in aller Ruhe und Gelassenheit über die schmale Straße schlendert und am Waldrand Halt macht. Wir passieren ihn gerade mal in drei, vier Metern Entfernung, und locker-entspannt schaut er hinter uns her.

Wir schwingen die letzten Velebit-Kilometer hinunter nach Sveti Juraj, ein Mini-Küstendorf, von wo es gerade noch ein paar Minuten sind, bis wir über die Jadranska magistrala zurück nach Senj gelangen. Hier werden wir mit Sicherheit eine weitere Nacht verbringen, denn es gibt noch viele spannende Ziele im Velebit: die Bärenstation in Kuterevo, den Stausee Kruščičko jezero, den Fluss Lika und sein Tal und, und, und. Und das alles entlang kurzweiliger Motorrad-Traumstrecken.

KLIMA UND REISEZEIT

Der Velebit fungiert als Wetterscheide zwischen dem mediterranen Klima auf seiner Westseite und dem gebirgigen Klima im Osten. Während an der Küste und den vorgelagerten Inseln auch im zeitigen Frühjahr und im späten Herbst Reisesaison herrscht, kann es zu dieser Zeit im Gebirge noch reichlich feucht und kalt sein. Selbst im Hochsommer passierten wir auf den Gipfeln noch meterhohe Schneewehen. Für eine Tour ins Gebirge bieten sich deshalb in erster Linie die Sommermonate an. Im Herbst glänzt der Velebit auf seiner Ostseite mit herbstlicher Farbenpracht. Wer eine Schönwetterperiode erwischt, genießt dann fantastische Eindrücke.

MOTORRAD FAHREN

Die beschriebenen Hauptverbindungsstraßen sind durchaus ein Revier für sportliche Fahrer – in den Serpentinen und Kurven der Berghänge lassen sich mit den Fußrasten ordentlich Streifen ziehen.

Die kleinen, recht einsamen Nebenstrecken muss man hingegen mit Bedacht fahren: Geröll, Grünzeug und plötzliche Kurven ohne Leitplanken bieten Potenzial für üble Überraschungen. Wer jedoch mit Muße auf Entdeckungsfahrt geht, wird mit einer einmaligen Landschaft und traumhaften Eindrücken belohnt.

PRAKTISCHE HINWEISE

ALLGEMEINES

Der Velebit ist ein etwa 150 km langer und bis zu 35 km breiter Gebirgszug entlang der kroatischen Küste, etwa gegenüber den Inseln Rab und Pag. Der höchste Gipfel des Velebit ist der 1757 m hohe Vaganski vrh. Über das Gebirge führen einige Passstraßen und mitten hindurch ein 5681 m langer Tunnel.

Der Gebirgszug ist als Naturpark deklariert und innerhalb des Parks erklärte man zwei Regionen zu Nationalparks. Hier gibt es eine reichhaltige Fauna, unter anderem leben hier noch Braunbären und Wölfe in freier Wildbahn. Der Velebit ist auch ein wahres Paradies für Höhlenforscher, denn in den karstigen Gebirgszügen finden sich zahlreiche Höhlen. So wurde erst vor wenigen Jahren der tiefste natürliche Schacht der Welt entdeckt; er führt rund 500 m senkrecht in die Tiefe.

TOURENLÄNGE

230 km

SEHENSWERTES

Senjs Festung Nehaj beherbergt ein spannendes Geschichtsmuseum und bietet einen beeindruckenden Blick über die Region und das Meer. Interessant ist auch das Ortsbild von Otočac sowie das Höhlensystem Bezdanjača am Berg Vatinovac.

In dem kleinen Ort Kuterevo südwestlich von Otočac befindet sich eine Aufzuchtstation für verwaiste Bärenkinder.

ESSEN UND TRINKEN

Der Velebit hat keine eigenen Spezialitäten; die Küche der Region ist die der Kvarner Bucht. Abseits der Küste werden meist deftige Fleischgerichte serviert. Dazu gehören u. a. die Pasticada, mariniertes, würziges Rindfleisch mit Zwiebeln und Knoblauch in Weiß- oder Rotwein gekocht, sowie Peka, das zarte, unter einer Tonglocke gedünstete Lammfleisch.

Mit dem Wein verhält es sich ebenso: Entweder wird er von den vorgelagerten Inseln importiert oder man trinkt den Wein aus Istrien und dem Kvarner Land – hier vor allem einen der schmackhaften Weißweine, z. B. den goldgelben Malvazija.

UNTERKUNFT

Entlang der Küste finden sich unterhalb des Velebit und vor allem in Senj reichlich und problemlos Übernachtungsmöglichkeiten, vom Hotelzimmer bis zur Privatunterkunft – einfach auf die Schilder achten. Auch in Gospić und vor allem in Otočac sollte es dahingehend keine Probleme geben. Entlang der Küste und auf den Inseln gibt es einige Campingplätze.

KARTE

Vor Ort empfiehlt sich die Marco Polo Karte 1:200 000, Istrien, Kroatische Küste Nord und Mitte.

ADRESSEN UND INTERNET

Für telefonische und schriftliche Anfragen stehen die beiden Kroatischen Zentralen für Tourismus bereit: entweder in der Sonnenstraße 8, 80331 München, Tel. 089/22 33 44, oder in der Stephanstraße 13, 60313 Frankfurt, Tel. 069/238 53 50 (Infos im Internet unter www.croatia.hr).

Über die Stadt Senj finden sich Infos unter www.senj.hr, allerdings nur in der Landessprache. Die offizielle Seite des Naturparks lautet: www.velebit.hr.

Für Blümchenpflücker – blühendes Grün säumt die Straßen des Velebits.

UNTERWEGS IM FELSENMEER

Achtung Kurven – dieses Schild ist auf Pag Programm.

Die skurrilen Felslandschaften der Insel Pag lassen glauben, man befände sich auf dem Mond. Hier kann man die Seele baumeln lassen und das Inselleben genießen.

Sind Sie schon einmal auf dem Mond gewesen? Nein? Es wird wohl auch noch ein paar Jährchen dauern, bis der reisehungrige Tourist zu dem Erdtrabanten jetten kann. Aber einen ersten Eindruck, wie es auf dessen Oberfläche wohl aussehen mag, kann man sich schon mal auf der Insel Pag verschaffen. 60 Kilometer lang und zwischen zwei und zehn Kilometer breit liegt das Eiland gegenüber dem mächtigen Velebit-Gebirgszug. Und ein Großteil der Fläche dieser fünftgrößten Insel der Adria besteht aus Stein – nichts als Fels und Stein, mal grau, mal strahlend weiß.

35 000 SCHAFE OHNE HALSBESCHWERDEN

Unseren ersten Eindruck von dieser unwirtlichen Gegend bekommen Kiki und ich, als wir über die mächtige, schneeweiße Brücke rollen, die Pag mit dem Festland verbindet. Mit ihrem riesigen Bogen überspannt sie das tiefblaue Meer der Ljubačka vrata genannten Meerenge. Auf der linken Seite, unten am Wasser, fällt uns die alte, verfallene Festung ins Auge, und nach wenigen Metern führt eine schmale Stichstraße zu ihr hinunter. Natürlich können wir es nicht lassen, ein wenig in dem maroden Gemäuer herumzuklettern, dabei die fantastische Aussicht auf das Meer, die Brücke und das Gebirge zu genießen und mal den beiden Anglern über die Schulter zu schauen, die hier eifrig einen Fisch nach dem anderen aus dem Wasser ziehen.

TOUR-TIPP

Klöppelkunst
Wenn man in den Abendstunden durch Pag wandelt, fallen einem in den engen Gassen die alten Frauen auf, die, vor ihren Häusern sitzend, in Handarbeiten vertieft sind. Was die Damen dort meist tun, nennt man klöppeln. Vermutlich wurde diese Kunst im Italien des 16. Jahrhunderts entwickelt und von dort verbreitet. Schon sehr früh waren die Bewohnerinnen Pags für ihre Kunstfertigkeit im Klöppeln berühmt; so soll die Kaiserin Maria Theresia an ihrem Hof stets einige Pagerinnen beschäftigt haben, die die feinen und filigranen Spitzen herstellten. Die Klöppel (kleine Holzspindeln) werden in bestimmten Mustern gekreuzt und gedreht, dadurch verflechten sich die Fäden zu faszinierenden Mustern. Meist wird dafür Leinengarn verwendet. Bis zu hundert Klöppel sind für ein Stück gleichzeitig im Einsatz. Die typischen Erzeugnisse wie Deckchen oder Spitzenkragen kann man in zahlreichen Läden Pags erstehen.

Genug geklettert, weiter geht es auf zwei Rädern. Einladend zieht sich der Asphalt hoch über dem Wasser weiter ins Inselinnere hinein. Blühende, wohlriechende Kräuter säumen den Straßenrand. Angeblich soll es auf Pag rund 35 000 Schafe geben, und eines ist wohl sicher: Halsschmerzen dürften die keine haben. Werden doch die von den wolligen Tieren so geschätzten und zahlreich verputzten Kräuter Salbei und Thymian in der Heilkunde gegen Halsschmerzen verabreicht. Und sollte mal eines der Schafe besonders zufrieden aussehen, verwundert das auch nicht –

Einst wehrhaftes Gemäuer, heute Ruine

schließlich enthält Salbei halluzinogene Stoffe, denen marihuana-ähnliche Düfte nachgesagt werden.

FRISCHES BROT UND PAGER SCHAFSKÄSE

Gut 20 Kilometer geht es durch einsame, felsige Landschaften. Etwa in der Inselmitte bietet sich ein kleiner Abstecher zu ihrem südlichen Rand an, nach Povljana. Das touristische Örtchen an der Bucht Stara Povljana ist recht nett, bietet einige Unterkünfte und das eine oder andere einladende Straßencafé. Uns zieht es aber erst mal weiter nach Pag, in die gleichnamige Hauptstadt der Insel. Hier decken wir uns mit ein paar Leckereien fürs Picknick ein, überqueren auf einem Damm die südlich liegende Bucht und schrauben uns über einige richtig spannende Kurven wieder hinauf auf die Berge der Insel. Oberhalb von Šimuni suchen wir uns einen ruhigen Platz, natürlich mit genialem Panorama, und lassen uns frisches Brot mit würzigem Paski sir, dem leckeren Pager Schafskäse, schmecken. Dass die Schafe solche Kräuterliebhaber sind, spiegelt sich in

In Pags Süden geht es per Brücke auf das Eiland.

Küstenstraßen auf Pag sind aussichtsreich ...

dem köstlichen Käse zweifelsohne wider. Wie gern hätten wir dazu einen trockenen, weißen Kastelet aus dem Süden Dalmatiens getrunken – aber den dürfen wir erst später verkosten, wenn wir nicht mehr fahren müssen. Ein bisschen lassen wir uns noch die Sonne ins Gesicht scheinen, dann rollen wir ein paar Meter hinunter ins Dorf und bauen direkt am Meer unser Zelt auf. Dass wir an diesem Abend auch gleich noch einen fantastischen Sonnenuntergang genießen dürfen, macht uns die Insel Pag ganz besonders sympathisch.

Frühstück am nächsten Morgen gibt es mitten im Städtchen Pag. Ein leckerer Kaffee, knuspriges Gebäck mit frischer Marmelade und ein vitaminreicher Saft aus den von der Adriasonne verwöhnten dicken Orangen lassen uns gut in den Tag starten. Die anschließende Küstenrunde über Bošana erfordert auch eine anständige Stärkung – zwar sieht die Strecke auf der Karte richtig gut ausgebaut aus, in natura ist sie allerdings eine ganze Ecke anstrengender: Dicke Schlaglöcher, geschotterte Abschnitte und so manche tiefe Spurrinne erfordern Konzentration, und ein bisschen Erfahrung auf losem Untergrund macht das Ganze auch erheblich einfacher. Dafür belohnt einen die Runde mit sehr schönen Ausblicken auf die nordöstliche Inselseite und das dahinter liegende, riesige Velebit-Gebirge.

BADESPAß AUF PAG

Spannend ist auch unser Abstecher nach Metajna. Kurz vor Novalja, dem touristischen Zentrum Pags, biegen wir rechts ab und fahren die Stichstraße weit

... und bildschön.

hinaus auf den Arm der Insel. Dieses Stückchen Straße – es sind gerade mal zehn Kilometer – gehört sicher zu den schönsten Straßenabschnitten Kroatiens. Dass wir unsere Badesachen dabeihaben, versteht sich von selbst. Hier findet sich so manches idyllische Badeplätzchen zu Füßen des Berges Panos, der mit seinen rund 220 Metern Höhe eine der drei höchsten Erhebungen der Insel ist.

Schnurgerade, zwischen stacheligen Nadelbäumen und kunstvoll aufgeschichteten Steinmauern hindurch, bringt uns die Hauptstraße der Insel ganz an die nördliche Spitze Pags nach Tovarnele. Fast übergangslos mit dem Örtchen Lun verwachsen, besteht es eigentlich nur aus einem Fischerhafen, wo Fischerboote und Freizeitkähne um die Wette schaukeln und von wo im Sommer Ausflugsschiffe hinüber zur in Sichtweite liegenden Insel Rab starten. Wir lassen uns in einem Café nieder und relaxen ein bisschen, bevor es anschließend zurück nach Novalja geht. Rechts und links huschen uralte Olivenbäume an uns vorbei, die schon seit Jahrhunderten in Pags Norden gehegt und gepflegt werden und unter Naturschutz stehen. In einem der zahlreichen am Wasser liegenden Restaurants Novaljas kommen wir endlich in den Genuss einer köstlichen Brodetto, der einem Eintopf ähnelnden Fischsuppe mit den verschiedensten Fischarten, Olivenöl, Tomaten und Zwiebeln.

WEDER UFOS NOCH GRÜNE MÄNNCHEN

Eine letzte Nacht auf Pag bei Šimuni, dann geht es über Kolan und vorbei an Novalja mithilfe der Hinweisschilder zur Fähre. Kurz vor dem einsam gelegenen Fährhafen sollte man unbedingt die Bergspitze auf der linken Seite im Auge behalten und auf Lichtsignale achten. Was den Schotten das Loch Ness, ist den Kroaten der rund 200 Meter hohe Berg Komorovac. Nur ist es hier kein Monster aus der Tiefe, welches die Gemüter erregt, sondern ein angeblicher Ufo-Landeplatz. Immer wieder machen Meldungen über ominöse Flugobjekte und unheimliche Sichtungen Schlagzeilen. Dass hier demnächst ein Ufo-Park errichtet werden soll, macht die Sache für Kiki und mich nicht wirklich glaubhafter. Wir stoßen jedenfalls nicht auf grüne Männchen, werden auch nicht an Bord eines Raumschiffs gebeamt, sondern entern ganz unspektakulär die Fähre. Und in kürzester Zeit haben wir wieder das Festland zu Füßen der gewaltigen Berge des Velebit erreicht.

Sonnenbaden an Pags Küste

PRAKTISCHE HINWEISE

ALLGEMEINES

Pag liegt nördlich von Zadar gegenüber dem Velebit-Gebirge, ist rund 60 km lang, bis zu 10 km breit und mit ca. 285 m² Fläche die fünftgrößte Insel in der Adria. Die beiden größten Orte der Insel sind das gleichnamige Städtchen Pag und Novalja. Die Insel ist im Süden über eine Brücke und etwa auf Höhe von Novalja mit einer Fähre erreichbar. Der größte Teil der Insel besteht aus steinigen und felsigen Landschaften; im Norden gedeihen jahrhundertealte Olivenhaine. Bekannt ist Pag auch für seinen Schafskäse; weitere Wirtschaftsfaktoren sind die Fischerei, Weinanbau und natürlich der Tourismus. Sehr verbreitet ist auf Pag die Kunst des Klöppelns. Die handgeklöppelten Spitzen werden zahlreich verkauft und haben sich einen guten Namen gemacht.

KLIMA UND REISEZEIT

Schon ab März bietet sich Pag für eine Tour an. Durchschnittlich sechs Sonnenstunden täglich und sechs Regentage im Monat geben gute Chancen auf schönes Wetter. Temperaturen und Sonnenscheindauer erhöhen sich ab April sehr schnell, und im Hochsommer wird es mit locker 30 °C und reichlich Sonnenschein schon fast zu viel des Guten. Bis einschließlich Oktober bleibt das Wetter immer noch sehr einladend.

MOTORRAD FAHREN

Pag besticht durch seine lang gestreckte Form; die Hauptstrecke der Insel passt sich entsprechend an. Rechts und links davon lassen sich immer wieder kleine Nebenstrecken, meist Stichstraßen, erkunden. Fazit: Nichts für Vertreter der Knieschleiferfraktion, sondern für Freunde uriger Landschaften.

TOURENLÄNGE

140 km

SEHENSWERTES

Unbedingt empfehlenswert ist das Örtchen Pag mit seiner alten Stadtmauer und den Türmchen im Gotik- und Renaissancestil. In den kleinen Gässchen lässt es sich prima schlendern. Für Geschichtsinteressierte ist das römische Aquädukt in Novalja ein Muss. Zudem befinden sich dort die Reste frühchristlicher Basiliken.

ESSEN UND TRINKEN

Unbedingt probieren sollte man den würzigen Paski sir, den köstlichen Pager Schafskäse. Er wird überall auf der Insel angeboten – zusammen mit frischem Brot das ideale Picknick. Dazu gehören Oliven, ebenfalls von der Insel. Das sehr zarte Lammfleisch und der Pager Schinken sind für ihre Qualität bekannt. Die hohe Zahl der Sonnenstunden schließlich tut besonders den auf Pag angebauten Weinreben gut. Die Trauben gelten als besonders süß.

UNTERKUNFT

Übernachtungsmöglichkeiten finden sich auf Pag reichlich, vom Hotelzimmer bis zur Privatunterkunft – einfach auf die Schilder achten. Es gibt vier Campingplätze; uns hat besonders »Camping Šimuni« gefallen, wo übrigens auch ansprechende Häuschen für bis zu vier Personen vermietet werden.

KARTE

Vor Ort empfiehlt sich die Marco Polo Karte 1:200 000, Istrien, Kroatische Küste Nord und Mitte.

ADRESSEN UND INTERNET

Für telefonische und schriftliche Anfragen stehen die beiden Kroatischen Zentralen für Tourismus bereit: entweder in der Sonnenstraße 8, 80331 München, Tel. 089/22 33 44, oder in der Stephanstraße 13, 60313 Frankfurt, Tel. 069/238 53 50 (Infos im Internet unter www.croatia.hr).
Sehr informativ ist auch die Seite www.tzgpag.hr. Unterkünfte kann man unter www.pag-apartments.info buchen.

Keine 2000 Meter liegen zwischen Pag und dem Festland.

Blaues Meer und leuchtende Blüten stehen Spalier auf herrlichen Küstenstraßen.

BUCHTEN, BERGE, PANORAMEN

Hvar könnte man die Insel der Abstecher nennen: Die Hauptstraße führt über die Gipfel der Berge und regelmäßig locken Stichstraßen rechts und links zu kurzweiligen Spritztouren.

Wie ein überdimensionierter Flugzeugträger liegt die Insel Hvar vor der kroatischen Küste: lang gestreckt, mittendrin eine lange Gerade, und mit ein bisschen Fantasie erkennt man sogar in der Gestalt des nördlichen Ausläufers die Trägeraufbauten. Nur 30 Minuten benötigt die Fähre vom kleinen Hafen Drvenik, direkt unterhalb der Jadranska magistrala gelegen, bis nach Sucuraj auf Hvar. Mit der ersten Fähre am frühen Morgen legen wir vom Festland ab und lassen den weiß leuchtenden Küstensaum mit den graugrünen Bergen im Hinterland zurück. Überfahrten in der Adria sind bei schönem Sonnenwetter immer wieder eine kleine Minikreuzfahrt. »Eigentlich schade, dass die Entfernungen zwischen den Inseln nicht größer sind«, meint Kiki, die beste Sozia der Welt. Recht hat sie!

TOUR-TIPP

Badestrände auf der Insel Hvar

Nicht umsonst sind die Strände auf der Insel Hvar so berühmt wie beliebt. Zwar bestehen sie zum größten Teil aus Steinen und Kieseln, das Wasser ist jedoch von einer ganz außergewöhnlichen Farbe und extrem klar. Die Küstenlinie von Hvar ist gespickt mit kleinen, idyllischen Badebuchten, eingeschlossen von grünen, wohlriechenden Kiefernwäldern und würziger Macchia. Es gibt auch einige verlockende Sandstrände auf der Insel Die liegen zum großen Teil an der Nordseite der Insel. Dort weht regelmäßig der angenehm kühlende Nordwind. Wenn der sich allerdings zur Bora auswächst, wird es schon mal ungemütlich – das ist allerdings selten und dauert im Sommer meist nicht länger als einen Tag. Zudem sind die Wellen an der Nordseite kräftiger als im Süden. Einladende und seichte Sandstrände findet man bei Jelsa und in der Bucht Mlaska bei Sućuraj sowie am Strand »Česminica«, ebenfalls bei Sućuraj.

KUNST AM WEGESRAND

Vor Hvar passieren wir den kleinen Leuchtturm, der bei Unwetter und Dunkelheit die Hafeneinfahrt markiert, dann öffnet sich auch schon bald die Fährenklappe, und wir werden auf die viertgrößte Adria-Insel entlassen. Gesäumt von hohen und schmalen Wacholdern, rot blühendem Mohn und goldfarbenem Ginster zirkeln wir auf der Inselhauptstraße bergan über die Höhenzüge und werden für den Aufstieg mit einem fantastischen Panorama belohnt: Nach rechts fällt der Blick auf das scheinbar zum Greifen nahe Festland und auf das dunkelblaue, spiegelglatte Meer mit seinen kleinen, versteckten Buchten. Kurvenreiche Abste-

Taugt nur noch als Sitzmöbel – kroatischer Kleinwagen.

Blick von Hvar hinüber ins Boikovo-Gebirge

cher zweigen immer wieder in die Landschaft ab und führen hinunter zu den verträumten Buchten. Uralte Ruinen zeugen von den Steinhäusern, die einst entlang der Straße standen. Irgendwo, nur wenige Meter neben dem Asphalt, ragen plötzlich weiße Säulen aus der Erde, kunstvoll verdreht und angeordnet. Uns erschließt sich zwar nicht, was der Künstler mit seinem Werk ausdrücken wollte, aber die sich in den stahlblauen Himmel streckenden weißen »Finger« sehen dennoch beeindruckend aus.

MEDITERRANES AMBIENTE

Zaglav, Bristova, Lučica, Pokrivenik – unzählige ehemalige Fischerörtchen liegen unten an der Küste. Kurvenreich winden sich die Stichstraßen hinab, und jeder Abstecher hinunter ans Meer lohnt sich, führt zu romantischen, oft einsamen Küstenabschnitten. Wir sind immer wieder überrascht, wie leer so mancher Strand auch während der Hauptsaison eigentlich ist. Immer weiter führt die Strecke über die Insel. Etwa ab der Mitte gibt sie sich redlich und erfolgreich Mühe, mit spannenden Windungen für Unterhaltung zu sorgen. In Laune machenden Kehren und Kurven sausen wir bald hinab nach Jelsa. Hier hat der Tourismus eine lange Tradition; schon die Römer wussten die Schönheit dieses Landstrichs zu würdigen – Überreste römischer Landvillen, einst als Ferienhäuser genutzt, zeugen davon. Und auch heute noch hat das kleine Städtchen einiges zu bieten: die Burgkirche, den Lustgarten aus der Zeit um 1870 und inmitten der hübschen Altstadt den Platz des heiligen Ivan mit der dazugehörigen Kapelle. Am Hafen, mitten im Zentrum, lässt sich in den Cafés hervorragend entspannen, und in den kleinen, verwinkelten Gassen macht das Herumwandern und Entdecken einfach Spaß. Zudem laden die schneeweißen Bänke an der Mole zum Verweilen ein, und wer beim Anblick der zahlreichen im Hafen schaukelnden Boote selbst Lust bekommt, einmal in See zu stechen, hat die Auswahl zwischen mehreren Ausflugsbooten, oder er chartert gleich selbst einen kleinen Kahn.

Auf Minikreuzfahrt vor Hvar

Hvar – bildschöne Pisten ohne Ende

Groß ist auch die Auswahl an Straßen, will man Jelsa wieder verlassen: Sechs führen aus der Stadt hinaus in alle Himmelsrichtungen. Wir entscheiden uns für die westlichste Variante, nicht die kürzeste, aber die schönste in Richtung Stari Grad. Die »Alte Stadt« ist ein weiterer aussichtsreicher Konkurrent im Reigen der schönsten Städte Hvras. Das 1200-Einwohner-Städtchen liegt äußerst malerisch in einer lang gestreckten Hafenbucht. Zahlreiche Boote dümpeln im Wasser, und die antiken Mosaike, die immer wieder unter dem Straßenpflaster hervorlugen, zeugen von einer lebendigen Vergangenheit. Unter den schützenden Blättern Schatten spendender Palmen strecken wir die Beine aus und genießen das mediterrane Ambiente des Örtchens.

EILAND MIT FÜNF STERNEN

Auch für die Strecke von Stari Grad zur Stadt Hvar hat man die Qual der Wahl: die schnelle, aber landschaftlich dennoch sehr schöne Hauptstraße oder die extrem kurvenreiche, sich wild durch die Landschaft windende nördliche Nebenstrecke. Wir entscheiden uns für beides – nacheinander. Erst einmal geht es über die schnelle Route nach Hvar, dort aber sogleich wieder an der »Inselhauptstadt« vorbei, denn knapp vier Kilometer nordwestlich davon liegt unser Ziel: der hervorragende Campingplatz »Vira«. Hier bauen wir unser Zelt auf und laden das Gepäck ab, ehe es nach Hvar zurückgeht. Wenn es denn tatsächlich einen Wettbewerb um die schönste Stadt der Insel geben sollte – Hvar wäre sicherlich der Favorit. Zu Füßen einer mächtigen Festung, die seit dem 13. Jahrhundert über der Bucht wacht, liegt die Stadt um den zentralen Platz herum, welcher um 1450 geplant und gestaltet wurde. Einige Kirchen, ein Brunnen, Säulen, die Kathedrale und der Bischofshof umgeben den Platz, der eine Begegnungsstätte für Jung und Alt, für Touristen und Einheimische ist. Unter Markisen und Arkaden findet man entspannte Ruhe, auf den Bänken und Stufen lässt man sich die Sonne ins Gesicht scheinen, und in den schmalen Gassen sowie an den zahlreichen Ständen kann man vortrefflich bummeln und shoppen. Und wer in See stechen möchte, leiht sich eines der zahlreichen

Die Hauptstrecke auf Hvar
ist ein Realität gewordener
Motorradfahrertraum.

kleinen Boote und tuckert mit dem Außenborder in der riesigen geschützten Bucht umher. Kiki und ich gönnen uns ein erfrischendes Eis – quasi als Vorspeise für ein leckeres Abendessen, denn an guten Restaurants mangelt es in Hvar nicht. Und was gibt es Schöneres, als zwischen Palmen mit dem Blick aufs Meer kulinarischen Freuden zu frönen ...

FÜR MOTORRÄDER VERBOTEN ...

Freuden der ganz anderen Art haben wir am nächsten Tag bei unserer zweiten Inselrunde. Die Insel Hvar ist trotz ihrer überschaubaren Länge von knapp 70 Kilometern für mehr als eine Tagestour geeignet, denn die zahlreichen verlockenden Abstecher wollen erforscht und die Badebuchten entdeckt werden. In Hvar versorgen wir uns mit allen Zutaten für ein gemütliches Picknick und suchen uns dann eine der verträumten Buchten. Die schönsten findet man im Besonderen an der Südküste bei Zavala – der Weg dorthin hat allerdings einen Haken: Für Motorräder ist er offiziell verboten. Der Grund: ein etwa 1000 Meter langer Tunnel – wahrlich nichts für Menschen mit Klaustrophobie, denn er ist unbeleuchtet, gerade mal so breit wie ein Auto und nur zwei Meter hoch. In der Saison regelt eine Ampel den Verkehr, die restliche Zeit des Jahres wird auf Sicht gefahren. Sieht man in der Ferne das Ende des Tunnels, ist er frei, sieht man den weit entfernten hellen Fleck nicht, befindet sich gerade ein Fahrzeug darin, und man muss warten. Die Verkehrsschilder besagen allerdings, dass Motorroller und Motorräder ihn nicht passieren dürfen. Experimentierfreudig, wie wir sind, wagen wir es dennoch und werden dafür mit einem tollen Küstenstreifen belohnt. Fast 15 Kilometer ist die Küstenstraße lang, die sich vom Ende des Tunnels rechts und links an der Adria entlangschlängelt. Ein kaum befahrenes Sträßchen, wie es schöner nicht sein könnte. Während auf der einen Seite das Meerwasser in der Sonne glitzert, steigen auf der anderen Seite steile Berge in den Himmel empor. Für Wanderfreunde findet sich am westlichen Ende ein geniales Revier: Hier führt ein Fußweg auf den 628 Meter hohen Sveti Nikola hinauf, der von seinem Gipfel einen atemberaubenden Ausblick auf die kroatische Inselwelt bietet.

Nein, leicht fällt uns der Weg zur Fähre zwei Tage später nicht. Hätten wir uns nicht vorgenommen, noch ein paar weitere der viel versprechenden kroatischen Inseln zu erkunden und zu »erfahren«, wären wir sicher noch länger auf Hvar geblieben. Dieses Eiland hat in unserem ganz persönlichen Inselranking fünf Sterne bekommen, von fünf zu vergebenden.

Palmen und schmale Gässchen zeichnen die Inselhauptstadt aus.

Durch diese hohle Gasse –
Schleichweg in Hvar

Hvars Straßen führen durch faszinierende Landschaften.

PRAKTISCHE HINWEISE

ALLGEMEINES

Hvar ist die viertgrößte Insel in der Adria, ca. 70 km lang und gut 10 km breit. Sie ist vom Festland per Fähre in einer knappen halben Stunde erreichbar. Eine Fährverbindung besteht auch von Split (Dauer etwa 2 Std.). Die klimatisch günstige und landschaftlich schöne Lage der Insel begründete schon zur Zeit der Römer den Tourismus, der auch heute noch eine große wirtschaftliche Rolle spielt. Zudem werden auf Hvar herausragende Weine und Lavendel angebaut.

Größere Orte sind Hvar, Stari Grad und Jelsa. Höchster Berg der Insel ist mit 628 m der Sveti Nikola. Die Küste ist sehr zerklüftet, und so finden sich selbst in der Hauptsaison zahlreiche einsame Abschnitte.

KLIMA UND REISEZEIT

Im Allgemeinen herrscht auf Hvar ein mediterranes Klima: Die Winter sind mild, die Sommer sehr trocken und warm. Im Winter liegt die durchschnittliche Temperatur bei etwa 9 °C. Hvar ist für seine hohe Zahl an Sonnenstunden bekannt.

MOTORRAD FAHREN

Die 70 km lange »Inselhauptstraße« ist die einzige Möglichkeit, auf Hvar auch mal im sechsten Gang zu fahren. Allerdings geht das nicht auf allen Abschnitten, und so ist Hvar nichts für Sportfahrer. Umso schöner präsentiert sich die Insel für Motorrad-Reisende. Die unzähligen Stichstraßen, die an die Küste führen, die kleinen, kurvenreichen Nebenstrecken und so mancher geschotterte Kilometer reizen zu spannenden Ausflügen.

TOURENLÄNGE

160 km

SEHENSWERTES

Hvar ist reich an Sehenswertem und die Stadt Hvar stets für einen längeren Besuch lohnend. Insbesondere die Festung, die die Stadt überragt, ist eine kleine Klettertour wert. Hvars Zentrum gehört sicher zu den schönsten Stadtensembles der Adria. Eine Tour mit dem Ausflugsboot in die nahe Inselwelt oder ein Kurztrip mit dem gemieteten kleinen Motorboot bringen tolle Erfahrungen. Sehr sehenswert sind auch die beiden Orte Stari Grad und Jelsa: In Jelsa locken Lustgarten und Burgkirche, und Stari Grad glänzt mit der Römischen Villa und seinem Stadtbild. An der Südküste Hvars empfiehlt sich der 628 m hohe Sveti Nikola mit seiner phänomenalen Aussicht für eine Wanderung.

ESSEN UND TRINKEN

Natürlich gibt es eine große Zahl frischer Fischgerichte, oft in Verbindung mit dem auf Hvar selbst hergestellten köstlichen Olivenöl. In Hvars Restaurants werden außerdem schmackhafte Lammgerichte angeboten. Der heimische Schinken und die Käsesorten gelten als Delikatesse; eine besondere Leckerei ist der Rosmarinhonig.

Auch auf Hvar wird hervorragender Wein angebaut und gekeltert. Aus der Rebsorte Mali Plavac entsteht der dunkle Rotwein Ivan Dolac sowie der fast schwarze Faros, der hauptsächlich auf der steilen Südseite der Insel gewonnen wird. Besonders markant ist der schon fast an einen trockenen Sherry erinnernde Bogdanuša.

UNTERKUNFT

Wie überall an der kroatischen Küste werden zahlreiche Privatunterkünfte angeboten. Wenn man auf Anhieb nichts findet, sollte man einfach mal in der Bar oder im Restaurant nachfragen – man kennt sich untereinander und vermittelt einander gern. Auf Hvar gibt es auch einige einladende Campingplätze; uns hat besonders der sehr gute Camping »Vira« direkt bei der Stadt Hvar gefallen, das ideale Basislager für Inseltrips und Stadtausflüge. Zimmer und Unterkünfte lassen sich problemlos über die unten genannten Internetseiten buchen.

KARTEN

Vor Ort empfiehlt sich die Marco Polo Karte 1:200 000, Istrien, Kroatische Küste Nord und Mitte.

ADRESSEN UND INTERNET

Für Anfragen stehen die beiden Kroatischen Zentralen für Tourismus bereit: entweder in der Sonnenstraße 8, 80331 München, Tel. 089/22 33 44, oder in der Stephanstraße 13, 60313 Frankfurt, Tel. 069/238 53 50 (Infos im Internet unter www.croatia.hr). Die Internetseite www.hvarinfo.com informiert umfassend über die Insel; hier lassen sich auch Unterkünfte buchen. Gleiches gilt für die Seiten www.mein-kroatien.info/Insel_ Hvar und www.island-hvar.info.

Korcula protzt mit toller Landschaft
und grandiosen Motorradstrecken.

DIE GRÜNE INSEL

Nicht umsonst gilt Korčula als die grüne Insel Kroatiens – teils dichter Bewuchs und intensiver Wein- und Olivenanbau heben das Eiland aus der Menge der steinigen Inseln heraus.

Nur ein sehr schmaler Landstreifen verbindet die Halbinsel Pelješac mit dem kroatischen Festland, und in der Form gleicht Pelješac seinen Nachbarinseln - sehr lang und sehr schmal: Wie lange Pinselstriche liegen sie alle einträchtig nebeneinander. Über die schmale Landzunge rollen wir auf die Halbinsel hinauf, die als beliebtes Ferienziel ihren Nachbarinnen in nichts nachsteht. Von der Küstenstraße, der Jadranska magistrala, geht es hinab ans Wasser und gleich wieder bergan über den ersten Höhenzug der Halbinsel. Es ist nur eine kurze Strecke bis Mali Ston, zum historischen Kriegshafen, wo schon 1490 Schiffe der damaligen Stadtrepublik Dubrovnik im Hafenwasser ankerten. Kurz darauf taucht der Ort Ston vor unserem Visier auf. Wie Mali Ston hatte auch Ston in der Vergangenheit große Bedeutung: Schon die Römer errichteten hier ein Kastell, und auch die Salinen, bis heute in Betrieb, gehen auf die römische Zeit zurück. Im 14. Jahrhundert schließlich entstand eine der größten Festungsmauern Europas; große Teile davon stehen heute noch und bewachen den Zugang zur Halbinsel. Schon von Weitem sehen wir die beeindruckenden Überreste der Befestigung, die in den steilen Hängen zu kleben scheinen. In regelmäßigen Abständen verstärkt durch wehrhafte Türme, haben die Gemäuer bis heute nichts von ihrer Faszina-

TOUR-TIPP

Die Seeschlacht von Korčula

Gut 900 Jahre ist es her, da ging es in den Gewässern um Korčula richtig rund: Am 8. September 1298 trugen die Flotten Venedigs und Genuas hier die berühmte Seeschlacht von Korčula aus. Von den Seerepubliken des Mittelalters waren als Seemächte nur Genua und Venedig übrig geblieben. Sie bekriegten sich regelmäßig, schlossen aber 1270 einen Waffenstillstand. Doch schon 1291 brach erneut Streit aus, der zu weiteren Scharmützeln führte, und im August 1298 verließen schließlich 78 Galeeren unter Admiral Lamba Doria den Hafen von Genua und drangen in die von Venedig beherrschte Adria ein. Vor Korčula stießen sie auf 98 venezianische Galeeren unter dem Befehl von Andrea Dandolo. Es kam zu erbitterten und wechselhaften Kämpfen, die mit äußerster Brutalität geführt wurden. Schließlich behielten die Genuesen die Oberhand und eroberten sogar das venezianische Flaggschiff. Angeblich fiel Admiral Andrea Dandolo im Gefecht; andere Quellen berichten von seinem Selbstmord nach der Niederlage. Insgesamt verloren die Venezianer 84 Schiffe; 7000 Venezianer fanden den Tod, 7500 gerieten in Gefangenschaft. Für die Zahl der genuesischen Opfer gibt es keine eindeutigen Belege. Der berühmteste venezianische Gefangene dieser Schlacht war übrigens Marco Polo, der in genuesischer Gefangenschaft seine Reiseberichte über Asien und den Fernen Osten schrieb.

Auf bergigen Straßen in Pelješacs Süden

Auf Pelješac – Wasserkühlung auch für den Piloten

tion verloren. Unten im Ort lässt sich unter schattigen Markisen in den Gassen und auf Plätzen fantastisch relaxen.

UNBEDINGT ABBIEGEN!

Wir folgen der Inselhauptstraße gen Westen. Hoch über die Gipfel der Berge führt die Trasse von einem Aussichtspunkt zum nächsten. Immer wieder geht es dabei auch durch kleine, einladende Dörfer. Kurz vor dem Gipfel des rund 630 Meter hohen Čarović zweigt nach rechts die Zufahrt zur neuen, gerade in Bau befindlichen Brücke ab, die Pelješac einmal mit dem Festland verbinden soll. Dann wird es endlich die von vielen Kroaten herbeigesehnte, ausschließlich durch Kroatien geführte Küstenverbindung geben, ohne die der schmale, zu Bosnien-Herzegowina gehörende Korridor befahren werden muss. Wir aber halten uns weiter geradeaus und nehmen Kurs auf den kleinen Küstenort Lubovac. Auf dem Weg dorthin passieren wir einige Kilometer vor dem Ort einen herrlichen Küstenabschnitt. Gut, dass das Badezeug an Bord ist. Ruckzuck geht es über die Felsen ins erfrischende Nass; ein Handtuch ist nicht nötig – wofür hat man denn die Sonne.

Hinter Lubovac macht die Straße einen Knick, führt von der nördlichen Küste weg und quer über die Halbinsel zur südlichen Küste Pelješacs. Rückt dann hinter Popova Luka das Meer ins Blickfeld, gibt es nur noch eins: Unbedingt und unter allen Umständen an der nächsten Straße links abbiegen und den Schildern nach Trstenik folgen zu einem der schönsten Dörfer der gesamten Adria! Ungemein idyllisch liegt es in einer Bucht, umgeben von dunkelgrün bewaldeten Höhenzügen und karstigen Felsen, die über goldgelbe Sandstrände in glasklares oder, je nach Lichteinfall, glitzernd türkisfarbenes Wasser übergehen. Hohe Gräser und goldgelb blühende Büsche wiegen sich im Wind, und an der langen Hafenmole dümpeln ein paar kleine Boote im Wasser – Romantik pur. Zum Glück sind unsere Boxen fürs Picknick gut gefüllt. Im Schatten eines Baumes lassen wir uns am Strand nieder und genießen bei frischem Käse, Fladenbrot und Oliven ganz einfach die perfekte Idylle.

Heutransport mal anders

ZU FÜẞEN DES »HEILIGEN ELIAS«

Wieder zurück auf der Hauptstrecke geht es entlang des zentralen Höhenrückens in Richtung Orebić. Eigentlich schon fast überflüssig zu erwähnen, dass die Ausblicke von dieser Panoramastraße auf die umliegenden Inseln, Berge, Dörfer und das Meer einfach traumhaft sind. Quer über die Meerenge sehen wir auch schon hinüber auf die Insel Korčula und die gleichnamige Stadt, unser nächstes Ziel. Aber erst wollen wir noch einen Abstecher an das nordwestliche Ende Pelješacs machen. Eine lohnenswerte Strecke, denn auch sie führt entlang der steilen Küste, schraubt sich in spannenden Kurven mal hoch in die Berge, dann wieder hinab ans Wasser. Und das alles zu Füßen des höchsten Bergs Pelješacs, des 961 Meter hohen Sveti Ilija, des »Heiligen Elias«. Wer sich fürs Wandern begeistert, sollte unbedingt das Motorrad in Orebić abstellen und die etwa zweistündige Wanderung auf diesen Gipfel in Angriff nehmen. Die Aussicht vom Sveti Ilija ist einfach genial, und an schönen Tagen soll man angeblich sogar bis nach Italien schauen können.

Aber auch auf der absolut einsamen Westspitze Pelješacs lässt es sich fantastisch wandern. Durch unendlich viel Grün, gemischt mit grauem Fels, erreicht man am äußersten Ende der Insel den Ort Lovište, der an einer großen, stillen Bucht gelegen ist und Einsamkeitsliebhaber in Verzückung versetzen wird. Zurück in Orebić, dem kleinen Küstenort, verbringen wir bei einem leckeren Kaffee die Wartezeit für die Fähre, auf der wir dann in 30 Minuten unter einem tiefblauen Himmel und in strahlendstem Sonnenschein hinüber zur Insel Korčula und in die gleichnamige Stadt gelangen.

ABENDSPAZIERGANG UNTER PALMEN

In der Bucht von Lumbarda, ein paar Kilometer von der Stadt Korčula entfernt, legt das Schiff an. Auf halber Strecke zwischen Korčula und Lumbarda liegt rechts ein Campingplatz, auf den wir ein paar Minuten später rollen. Niemand zu sehen, die Rezeption ist nicht besetzt. Wir bauen erst einmal unser Zelt auf, machen es uns gemütlich und dösen im Schatten der Bäume ein wenig vor uns hin. Gerade als wir uns mit einer Tasse Kaffee wieder in Schwung bringen wollen, taucht der Platzwart mit seinem Motorroller auf. Ein nettes Hallo, ein paar freundliche Worte, die Einladung, doch morgen früh in sein Büro zu kommen, dann ist er auch schon wieder weg. Wir scheinen vertrauensvoll genug auszusehen.

Abends schwingen wir uns wieder aufs Moped, um das Küstenstädtchen Korčula zu erkunden. Dort gibt es nämlich jede Menge zu sehen: zum Beispiel die malerisch auf einer ins Meer ragenden Landzunge gelegene Altstadt, in der sich die historischen Gemäuer dicht an dicht aneinanderschmiegen. Dazwischen wiegen sich Palmen im lauen Lüftchen. Überall sind kleine Boote vertäut, Maler stellen ihre Werke aus, und natürlich darf der obligatorische Eisverkäufer nicht fehlen. Mit einer dicken Waffel lassen wir uns auf den Stufen des einstigen Stadttors im Palmenschatten nieder und genießen eiskaltes Vanille- und Zitronenaroma. Für das Abendessen ist schnell ein ansprechendes Restaurant gefunden. Wir lassen uns mit fangfrischem Fisch und leckeren Salaten verwöhnen.

Ruhen im Blumenmeer – kein Problem auf Pelješac

Nicht nur für's Bötchen schön – Hafen auf Korčula

Möwen in Vela Luka

DIE GRÜNE INSEL DALMATIENS

Nur 50 Kilometer lang und knapp zehn Kilometer breit ist die Insel Korčula, und so machen wir uns am nächsten Morgen auf die Reifen, um diese paar Kilometer ausgiebig zu erkunden. Nicht umsonst gilt Korčula als die grüne Insel Dalmatiens; das merken wir, als wir mit der BMW über die Höhenrücken der Insel rauschen. Oft geht es durch dichten Bewuchs, aber es bleibt immer genug Platz, um den Blick weit in die Ferne über die Adria schweifen zu lassen. Zudem kommt uns hier, obwohl wir uns ja eigentlich auf der Hauptstraße der Insel befinden, nur ab und an mal ein Auto entgegen. Auch die kleinen Stichstraßen, die rechts und links zu idyllischen Strandabschnitten führen, nehmen wir unter die Räder. Und obwohl uns heute der Sinn mehr nach Mopedfahren steht, kann man für einen erholsamen Strandtag ja schon mal die Lage peilen.

Einige richtig spannende Kurven später rollen wir durch Blato und dann hinab an die Küste nach Vela Luka. Das Hafenstädtchen mit dem sprechenden Na-

Am Hafenkai – der ideale Picknickplatz mit Aussicht

nen »Großer Hafen« ist zwar der zweitgrößte Ort auf Korčula, aber dennoch sehr überschaubar. Neben dem Tourismus leben die Bewohner vom Wein- und Olivenanbau und natürlich, wie die zahlreichen Fischerboote im Hafen bezeugen, vom Fischfang.

DURCH KROATIENS INSELWELT

Für den Rückweg bietet sich unbedingt ein Abstecher an die nördliche Küste Korčulas an. Etwa auf halber Strecke zwischen Vela Luka und Blato biegen wir links ab nach Borov, folgen den Schildern, kurven ein wenig hinab auf Meereshöhe und finden uns sogleich auf einer fantastischen Küstenstraße wieder. Schmal und kurvenreich geht es direkt am Wasser entlang. Idyllische Badeplätze wechseln sich mit schroffem Fels ab, und weit schweift der Blick hinaus aufs Meer und zu den benachbarten Inseln. Irgendwann führt der Asphalt uns dann doch wieder zurück ins Landesinnere, und wir fahren sogleich hinüber auf die Südseite, denn auch hier gibt es wieder eine herrliche Straße direkt am Wasser entlang, mit Badeplätzen vom Feinsten. Geniale acht Kilometer folgen, immer an der Küste und am Strand entlang. Wenn es diese Straße noch nicht gäbe, sie müsste erfunden werden. Bei Brna schlängelt sich das graue Band wieder in die Höhe, nicht ohne sich mit den entsprechenden Panoramen zu verabschieden. Oben auf dem Höhenrücken treffen wir wieder auf die Hauptstraße, die uns zurück ins Inselhauptstädtchen Korčula und zu unserem Campingplatz führt.

Unseren Aufenthalt auf Korčula verlängern wir noch um zwei, drei Tage. Es gilt noch die eine oder andere Nebenstrecke zu erkunden und so manchen Badeplatz zu entdecken. Zum krönenden Abschluss und für die erste Etappe der Heimreise gönnen wir uns ein ganz besonderes Schmankerl: Für umgerechnet rund 60 Euro sichern wir uns mit dem Moped einen Platz auf der Fähre nach Split. Knapp sechs Stunden fährt das Schiff unter der strahlenden Sonne des Südens durch die fantastische Inselwelt Kroatiens. Welch ein Abschluss für eine echte Traumtour!

Korčulas Hauptort, das gleichnamige Küstenstädtchen

PRAKTISCHE HINWEISE

ALLGEMEINES

Die Halbinsel Pelješac, zwischen Makarska und Dubrovnik gelegen, ist ca. 70 km lang und bis zu 8 km breit. Mit dem Motorrad ist sie über eine Straße erreichbar. Derzeit (Stand 2017) wird auch an einer Brücke gebaut, über die dann zukünftig die gesamte kroatische Küste ohne Unterbrechung befahrbar sein wird. Ob die Brücke allerdings jemals fertig wird, ist ungewiss – es gibt Geldprobleme. Pelješacs höchste Erhebung ist der Sveti Ilija mit 961 m. Er kann zu Fuß bestiegen werden und bietet eine grandiose Aussicht über die gesamte Küste. Über die Halbinsel führt eine Hauptstraße entlang der Berghöhen, die immer wieder fantastische Abstecher zur Küste zulässt.

Neben dem Tourismus bildet der Weinbau einen wichtigen Wirtschaftszweig. Hier ist besonders der auch über Kroatien hinaus geschätzte Rotwein »Dingac« aus der gleichnamigen Region zu nennen. Auf Pelješac gibt es nur zwei größere Orte, Ston und Orebič. Die Insel Korčula ist ca. 48 km lang und ebenso breit wie Pelješac. Die Meerenge zwischen Korčula und Pelješac ist lediglich 1,5 km breit. Zwischen Orebič auf Pelješac und Korčula verkehrt das ganze Jahr über eine Fähre; die Fahrtdauer beträgt etwa 30 Min. Die drei größten Ortschaften auf Korčula sind Korčula, Blato und der westliche Fährhafen Vela Luka, von wo es eine Fährverbindung über die Insl Hvar nach Split gibt.

Wie die benachbarte Halbinsel lebt auch Korčula hauptsächlich vom Tourismus und von seinen hervorragenden Weinen Grk und Pošip.

KLIMA UND REISEZEIT

Korčula und Pelješac weisen mediterranes Klima mit heißen Sommern und milden Wintern auf. Sie gelten schon fast als Ganzjahresziel. Eine hohe Zahl von Son nenstunden und relativ wenig Niederschlag mache die Inseln für Urlauber attraktiv. Besonders reizvoll is das Frühjahr, denn dann grünt und blüht es überall, un das Land ist von blühender Macchia überzogen. Abe auch im Herbst haben die grünen Regionen ihren be sonderen Reiz, denn dann spielt der »Indian Summer seine Farben aus.

MOTORRAD FAHREN

Korčula und Pelješac sind das ideale Terrain für Ent deckungsreisen. Zwar ist die Länge der Hauptstrecke sehr überschaubar, aber es gibt eine ganze Reihe seh schöner Nebenstrecken, die es zu entdecken gilt. Dies sind teilweise sogar unbefestigt, lassen sich aber mi ein bisschen Erfahrung mit jedem Motorrad befahren Vorsicht ist auf Pelješac bei Fahrten in der Dunkelhei angeraten. In der Vergangenheit kam es vermehr zu heftigen Zusammenstößen mit herumstreifender Schakalen.

TOURENLÄNGE

175 km

SEHENSWERTES

Auf Pelješac sind die beiden Orte Mali Ston und Stor mit ihren gewaltigen Mauern ein unbedingtes Muss Auch Stons historische Gebäude in der Altstadt lohnen einen Besuch. Zudem gibt es in Ston Salinen, di schon seit Jahrhunderten in Betrieb sind. Ein ungemei lohnendes Ziel für Wanderfreunde ist der 961 m hoh Sveti Ilija. Das Hafenstädtchen Orebič bestiche durc sein schönes Stadtbild; hier steht seit 1480 übrigen ein Franziskanerkloster. Auch die Altstadt des Orte Korčula auf der gleichnamigen Insel liegt mit ihre mittelalterlichen Wehrmauern und den Stadttoren seh

malerisch auf einer Landzunge. An den Stadttoren werden regelmäßig traditionelle Schwerttänze vorgeführt (Infos darüber gibt es bei der Tourist-Info vor Ort). Wenige Kilometer hinter dem Ort, entlang der Hauptstraße, stehen bei Zrnovo zahlreiche alte Natursteinhäuser mit Steindächern.

ESSEN UND TRINKEN

Ganz hoch im Kurs stehen natürlich frischer Fisch und Meeresfrüchte, oft lecker gegrillt und in Verbindung mit dem hochwertigen dalmatinischen Olivenöl. In Öl eingelegte Sardellen, marinierter Fisch und Salate mit Fisch sind besonders lecker.

Hier wird auch oft der dünn geschnittene, luftgetrocknete Schinken Pršut gereicht. Schafs- oder Ziegenkäse und Lammfleisch am Spieß gelten ebenso als Delikatesse wie die hervorragenden Eintöpfe.

Die Region ist eine Weinlandschaft und Pelješac gehört traditionell zu den besten Weinanbaugebieten Kroatiens. Hier wächst und gedeiht die Rebsorte Plavac Mali. Aus ihr werden sowohl der rubinrote Postup, ein Spitzenwein mit duftigem Bukett und feinwürzigen Aromen, als auch der sehr trockene Dingac, der bereits 1910 auf der Pariser Weinausstellung eine Goldmedaille erlangte, gekeltert.

Auf Korčula gedeihen die Trauben namens Pošip, aus denen der gleichnamige, sehr charakteristische Wein gekeltert wird.

UNTERKUNFT

Auf Korčula und Pelješac gibt es zahlreiche Übernachtungsmöglichkeiten. In der Hauptsaison ist es jedoch hilfreich, im Voraus zu buchen; aber auch spontan lassen sich immer Zimmer finden – einfach auf die Schilder achten. Oft wird man als Motorradfahrer von Einheimischen angesprochen. Es ist ratsam, sich vorher die Zimmer anzuschauen; außerhalb der Saison lässt sich hier auch noch ein wenig handeln.

KARTEN

Vor Ort empfiehlt sich die Marco Polo Karte 1:200 000, Kroatische Küste, Mitte und Süd.

ADRESSEN UND INTERNET

Für telefonische und schriftliche Anfragen stehen die beiden Kroatischen Zentralen für Tourismus bereit: entweder in der Sonnenstraße 8, 80331 München, Tel. 089/22 33 44, oder in der Stephanstraße 13, 60313 Frankfurt, Tel. 069/238 53 50 (Infos im Internet unter www.croatia.hr).

Tipps, Empfehlungen und Neuigkeiten über Korčula gibt es englischsprachig auf der Internetseite www.korculainfo.com, die Halbinsel Pelješac präsentiert sich ebenfalls englischsprachig unter der Website www.peljesac.info.

Sauber – dalmatinisches Wasser lädt oft zum Baden ein.

Rund um die Krka geht es on- und offroad durch wilde Landschaften.

Einen Schatz haben wir nicht direkt gefunden, aber bezaubernd ist die Region der Krka schon. Wo sich einst Winnetou und Old Shatterhand tummelten, erkunden wir das Land auf zwei Rädern.

DER SCHATZ IM SILBERSEE

Nein, ruhig und beschaulich geht es hier wahrlich nicht zu. Das ist aber auch kein Problem, denn wer die Ruhe sucht, macht sich auf ins Hinterland oder fährt ein kurzes Stück entlang der Küste in Richtung Westen. Wem aber eine Abwechslung gerade recht kommt, wer gern unter Menschen ist und durch quirlige, gut besuchte Gässchen bummeln möchte, der ist in Šibenik genau richtig. Gut 50 000 Einwohner und jede Menge Besucher machen die Stadt zu einem lebhaften Zentrum an der Adria. Für uns ist Šibenik darüber hinaus das ideale Basislager für Touren in die Umgebung.

DER SCHATZ IM SILBERSEE

Und so sitzen wir auch bald nach dem Frühstück auf der BMW und verlassen die Küstenstadt ins Landesinnere. Nur ein paar Meter hinter der Stadtgrenze beginnen die karstigen, grauen Höhen, gespickt mit ein wenig Grün. Wir überqueren die Autobahn A 1, die wichtige Verbindung in den Süden, schlagen dann einen großen Bogen und schon windet sich die Straße hinunter an die Krka, den wohl bekanntesten und sicherlich auch schönsten Fluss Kroatiens. Verfahren unmöglich – große Schilder mit der Aufschrift »Skradinski buk« weisen den Weg zu den beeindruckenden Krka-Fällen.

Am Ende der Straße rollen wir auf einem riesigen Parkplatz aus; ab hier geht es nur noch per Bus weiter. »Das wäre eine Strecke fürs Moped«, meint die beste Sozia aller Zeiten, als wir wenige Minuten später mit dem öffentlichen Nahverkehr über zahlreiche Serpentinen hinunter ans Wasser kurven. Beim Eingang des Nationalparks Krka spuckt uns der Bus wieder aus, und jetzt sind Schusters Rappen gefragt. Über kleine Pfade, Wege und Brücken schlendern wir durch den Park und erkunden die vielen rauschenden, ro-

Noch lange sind nicht alle Kriegsfolgen beseitigt.

Die Inseln der Kornaten sind ein lohnendes Ziel für den Bootsausflug.

Steinerne Küstenidyllen – Trogir …

mantischen Wasserfälle, die türkis leuchtenden Becken. Karl-May-Freunde werden sich erinnern: Als Old Shatterhand und Winnetou alias Lex Barker und Pierre Brice den Schatz im Silbersee suchten, tobten sie nicht etwa durch Utah und Colorado, sondern durch genau diese bildschöne kroatische Landschaft. Einer der großen Wasserfälle lädt, inklusive großer Liegeweise, zu einem erfrischenden Duschbad ein – leider haben Kiki und ich aber unsere Badesachen nicht dabei.

ANGELN ALS LEBENSZWECK

Genug erkundet und gewandert? Zwei Alternativen bieten sich nun an: zurück zum Parkplatz und weiter mit dem Moped oder von Skradinski buk aus mit dem Ausflugsschiff auf der Krka über die Klosterinsel Visovac bis in den Canyon Roški Slap. Beides hat seinen

Für die kleine Andacht zwischendurch – Kapelle am Wegesrand

Reiz, wir entscheiden uns für die Motorrad-Alternative und sitzen bald wieder auf unserer BMW. Über Dubravice und Rupe steuern wir gen Norden. Bei einem kurzen Fotostopp in einem der kleinen, idyllischen Orte kommen wir mit einem netten, hier ansässigen Rentner ins Gespräch. Er schwärmt mächtig von dieser Region und von seinem Ruhestand. Wandern und Angeln als später Lebenszweck – zum Neidischwerden.

Schnell haben wir Roški Slap, den beeindruckenden Canyon, erreicht und überqueren ihn auf einer sehr schönen Landstraße, die wir aber bald in Richtung Norden wieder verlassen. Durch abgeschiedene, idyllische Landschaften, in denen sich Fuchs und Hase gute Nacht sagen, folgen wir den Schildern Richtung Knin. Aber nur bis Čitluk, denn hier setze ich den Blinker links und steuere erneut eine Krka-Brücke an, die über den Bransko Jezero, die aufgestaute Krka, führt und fantastische Ausblicke bietet.

TOUR-TIPP

Die Kornaten

Die Kornaten an der kroatischen Küste zwischen Zadar und Šibenik sind die größte Inselgruppe der Adria. Je nach Quelle zählen sie zwischen 125 und 152 größtenteils karstige und unbewohnte Inseln. Kornat ist die größte davon und gleichzeitig der Namensgeber des Atolls. Der südliche Teil der Kornaten wurde bereits 1980 zum Nationalpark erklärt.

Auf den beiden größten Inseln, Kornat und Žut, werden intensiv Oliven angebaut, und es gibt einige Unterkünfte für Touristen. Vor allem bei Seglern ist das Inselreich sehr beliebt. Von Murter aus starten täglich Ausflugsschiffe zu kurzweiligen Inseltrips, manchmal auch verbunden mit leckeren Picknicks. Das Wasser ist außergewöhnlich klar und sauber, Tauchen und Schwimmen machen hier mächtig Spaß.

Am ersten Sonntag im Juli erwacht Kornat aus seiner ganzjährigen Beschaulichkeit: Es findet ein feierlicher Wallfahrtsgottesdienst statt, zu dem Dutzende Pilger der umliegenden Inseln mit geschmückten Booten in die Bucht einlaufen.

Für's Mohnbrötchen – Grünzeug an der Küstenstraße

Schöner wohnen – so manches Wohnhaus
steht schon etwas länger in der Region.

Orte der Ruhe und Andacht – in der Kirche …

GROBER SCHOTTER IM ANGEBOT

Quer durch das ruhige dalmatinische Hinterland folgen wir der Landstraße 59 und düsen zügig durch die Landschaft. Es geht wieder auf die Küste und das Meer zu. Ab und an durchqueren wir einen kleinen Ort, das eine oder andere Auto wird zackig überholt. Bei der Ausfahrt Pirovac unterqueren wir die Autobahn, und auf neuer Asphaltdecke geht es noch ein Stückchen schneller gen Süden. Unser Ziel ist der Vransko Jezero, größter See Kroatiens und seit 1999 als Naturpark besonders geschützt. Gut 30 Quadratkilometer ist das riesige Gewässer groß, das sich entlang der Küste, nur knapp einen Kilometer von dieser entfernt, entlangzieht. Bis in die zweite Hälfte des 18. Jahrhunderts war der See noch wesentlich größer; 1770 ließ man jedoch über einen künstlichen Kanal große Wassermengen ab, um das so erhaltene fruchtbare Gebiet landwirtschaftlich zu nutzen.

Bei Banjevci, nordöstlich des Sees, zeigt das Schild »Kamenjak« auf eine staubige Piste hinaus. Wer eine Enduro fährt oder sich mit seinem Motorrad auch auf groben Schotter traut, muss diesem Schild einfach folgen. Der holprige Weg windet sich immer weiter in die Höhe und endet an einer kleinen Kapelle. Keine hundert Meter weiter liegt einer der schönsten Aussichtspunkte Kroatiens: Von tiefen Rissen und Spalten überzogen, dienen mächtige Felsblöcke als eine Plattform, von der der Blick nicht nur weit über den See schweift, sondern auch über die gesamte Küste und vor allem über das Inselreich der Kornaten. Dieser Archipel besteht aus rund 150 Inseln und steht größtenteils unter Naturschutz. Von keiner anderen Stelle Kroatiens aus hat man so einen fantastischen Blick über diese Inselwelt!

Es fällt schwer, sich von diesem traumhaften Platz wieder loszureißen, aber schließlich wollen wir doch wieder hinunter an die Küste. Über den Schotterweg geht es zurück auf die Hauptstraße und dann in nordwestlicher Richtung, praktisch auf der Rückseite des Sees, weiter.

AUF DER JADRANSKA MAGISTRALA

Bei Pakoštane erreichen wir schließlich wieder die Jadranska magistrala. Gut 20 Kilometer ununterbrochener Adria-Panoramen folgen, bevor wir die Straße kurz hinter Pirovac verlassen. Rechts von der Küstenstraße weisen die Schilder zur Insel Murter, einem kleinen Ei-

... oder am See

Traurige Hinterlassenschaften eines grausamen Krieges

land, das über eine bewegliche Brücke erreichbar ist. Am nördlichen Ende der Insel liegt der gleichnamige Ort Murter. Interessant ist dessen Hafen vor allem, weil man von hier aus wunderbare Abstecher zu den Kornaten machen kann. Zahlreiche Ausflugsschiffe bieten die verschiedensten Touren an, und faszinierend sind diese alle. Wir holen uns für den folgenden Tag schon mal ein Ticket und gönnen uns noch einen leckeren Cappuccino, ehe wir über die Klappbrücke von Tisno zum Festland zurückfahren.

Eigentlich wollten wir bei Šibenik unsere Tour beenden, aber die schöne Küstenstraße zwingt uns förmlich, noch zu bleiben – die zerklüftete Küste südlich von Šibenik wollen wir uns unbedingt noch ansehen. Also fahren wir weiter gen Süden, zwischen den großen Buchten und Bergen hindurch, immer der Küstenlinie folgend. Hinter Primošten entfernt die Magistrala sich ein wenig vom Meeressaum, um kurz vor Trogir dann doch wieder auf die steile, felsige Küste zu treffen. Gerade richtig, damit wir noch gemütlich durch Trogirs Altstadt und dessen enge Gassen schlendern können. Zurück nach Šibenik cruisen wir dann quer durchs Hinterland. Die Landstraße 58 geleitet uns durch die ruhige und bergige Region bis vor die Stadttore der Küstenmetropole, wo wir diese Tour im abendlichen Trubel ausklingen lassen.

Auf Kroatiens Küstenstraßen ist geradeaus eher Mangelware.

Ausblicke auf Murters Inselwelt

Von den Bergen der Küste fällt der Blick weit hinaus auf die Kornaten

PRAKTISCHE HINWEISE

ALLGEMEINES

Šibenik hat gut 50 000 Einwohner und liegt in einer tiefen geschützten Bucht zwischen Split und Zadar. Hier mündet der Fluss Krka in die Adria. Nach seiner Gründung herrschten die Venezianer über Šibenik; es folgten die Byzantiner, das ungarisch-kroatische, später das serbische Königshaus. Verschiedene Herrscher gaben sich weiterhin die Klinke in die Hand.

Der Ursprung der Krka liegt etwa 3,5 km nordöstlich von Knin am Fuß des Dinariden-Gebirges; sie geht hier aus dem 22 m hohen Krčić-Wasserfall hervor. Über 50 km lang führt sie Süßwasser, die letzten 24 km sind Brackwasser. Die Krka-Wasserfälle mit ihrer Gesamtfallhöhe von rund 242 m und den unzähligen Becken und Stufen sind ein ganz besonderes Naturparadies.

Die Inselgruppe der Kornaten besteht aus etwa 150 Inseln und Riffen. Sie ist als Nationalpark geschützt, und die meisten der Inseln sind unbewohnt. Von fast jedem Ort der sie umgebenden Küste aus werden Ausflüge zu den Inseln angeboten.

KLIMA UND REISEZEIT

Touren entlang der Krka und rund um Šibenik sind von Frühjahr bis Herbst problemlos möglich. In der Hauptsaison kann es im Nationalpark schon mal voller werden, der Trubel hält sich aber in Grenzen. Eine sehr schöne Reisezeit für das Hinterland ist das Frühjahr, wenn es grünt und die Macchia blüht. Besonders schön ist auch der frühe Herbst, wenn die Temperaturen nicht mehr ganz so hoch sind und die Touristenströme wieder ein wenig versiegen. Im Hochsommer kann es auch richtig heiß werden; meist herrscht aber ein eher angenehmes, mediterranes Klima.

MOTORRAD FAHREN

Die Jadranska magistrala ist im beschriebenen Bereich eine wahre Traumstraße: Man kann bummeln und schauen, aber auch sportliche Fahrer können hier voll auf ihre Kosten kommen. Vorsicht, innerhalb der Ortschaften wird die Geschwindigkeit kontrolliert und gegebenenfalls kräftig zur Kasse gebeten! Dasselbe gilt für die Landstraße 59 zwischen Knin und der Küste. Auf den kleinen Nebenstrecken rund um den Vransko Jezero werden sich Enduro-Fahrer besonders wohl fühlen.

TOURENLÄNGE

260 km

SEHENSWERTES

Die Krka-Wasserfälle sind nicht umsonst ein europaweit bekanntes Ziel (mehr Infos im Internet unter www.npkrka.hr). In Šibenik hat es keinen Mangel an Sehenswertem: z. B. die teils noch erhaltene doppelte Stadtmauer, zahlreiche Kirchen, der Fürstenpalast und die Kathedrale sowie die Festung Subicevac. Beson-

Dalmatinische Strände bieten Idylle pur.

ders schön ist auch der große Platz der Republik, wo es sich unter Sonnenschirmen herrlich relaxen lässt. Unbedingt empfehlenswert ist ein Ausflug per Schiff in die Inselwelt der Kornaten; am besten ab Murter einen Tagesausflug mit Picknick auf einer der Inseln planen. Auch Trogir, im Süden der vorgestellten Route, lohnt einen Besuch.

ESSEN UND TRINKEN

Wie überall an der kroatischen Küste stehen natürlich frischer Fisch und Meeresfrüchte ganz weit oben auf der Speisekarte. In Öl eingelegte Sardellen (auch gegrillt), marinierter Fisch und Salate mit Fisch sind besonders empfehlenswert. Der Pršut, ein sehr dünn geschnittener, luftgetrockneter Schinken, wird gern serviert; man genießt ihn am besten mit Käse und Oliven und trinkt dazu natürlich Wein. Brodetto oder Brudet, die schmackhafte Fischsuppe, gilt als älteste und beliebteste dalmatinische Speise.

UNTERKUNFT

Entlang der Küste und vor allem in Šibenik finden sich problemlos und zahlreich Übernachtungsmöglichkeiten, vom Hotelzimmer bis zur Privatunterkunft. Schilder weisen den Weg. Darüber hinaus gibt es zahlreiche Campingplätze entlang der gesamten Küste und vor allem rund um Murter, auf denen auch ansprechende Häuschen vermietet werden.

KARTEN

Vor Ort empfiehlt sich die Marco Polo Karte 1:200 000, Istrien, Kroatische Küste Nord und Mitte.

ADRESSEN UND INTERNET

Für telefonische und schriftliche Anfragen stehen die beiden Kroatischen Zentralen für Tourismus bereit: entweder in der Sonnenstraße 8, 80331 München, Tel. 089/22 33 44, oder in der Stephanstraße 13, 60313 Frankfurt, Tel. 069/238 53 50 (Infos im Internet unter www.croatia.hr).
Die Internetseite www.porta-croatia.de hat Dalmatien als Schwerpunkt. Vor allem bei der Suche nach Unterkünften hilft die Seite www.kroatien-adrialin.de, und geballte Information über die Stadt Šibenik enthält beispielsweise die Internetseite www.mein-kroatien.info/sibenik.

Brač hat den Größten – mit 780 Metern ist der Vidova Gora die höchste Erhebung der Adria-Inseln. Und das Schöne daran: Man kann ihn mit dem Motorrad erfahren.

DAS IST DER GIPFEL

Die Strecke für Gipfelstürmer – auf Brač geht es hoch hinaus.

Es ist noch früh am Morgen und ziemlich ruhig in der sonst so trubeligen Küstenstadt Makarska – gar nicht so einfach, um diese Zeit schon ein Frühstück zu bekommen. Mit einem Kaffee und einem Croissant vertreiben wir uns dann ein bisschen die Zeit bis zur Abfahrt der Fähre nach Brač zur drittgrößten Insel in der Adria, unser heutiges Ziel. Der Fähranleger befindet sich mitten in der Stadt an der Küstenpromenade. Es sind nur wenige Autos, die mit uns auf die Fähre rollen, und kaum sind alle an Bord, geht es auch schon los. Still ruht die See, nur ein paar Fischerboote kreuzen unseren Kurs. Bald wird Makarska im Kielwasser immer kleiner, vor uns taucht langsam der in einer schützenden Bucht gelegene Hafen von Sumartin auf. Ein, zwei Manöver noch, dann fällt die stählerne Klappe, und wir sind in Bračs Inselwelt entlassen.

SIGHTSEEING MIT BLICK AUF DIE ADRIA

Eher unspektakulär geht es die ersten Kilometer ein wenig bergauf, dann durch den kleinen Ort Selca. Doch kaum haben wir das Dorf hinter uns gelassen, rollen wir durch die für die kroatischen Inseln so typische Landschaft: Grauer Karst wechselt sich mit blühender Macchia ab, Säulenwacholder und dichtes, üppiges, grünes Buschwerk huschen an uns vorbei. Der Duft Tausender Blüten und würziger Aromen steigt uns unterm Helm in die Nase. Wieselflink huscht ein kleines Nagetier kurz vor unserem Vorderrad über die Straße, vielleicht ein Eichhörnchen. Eine idyllische Szenerie.

Doch kaum haben wir das Dörfchen Gornji Humac passiert und sind Richtung Süden, den Schildern Richtung Bol folgend, abgebogen, ändert sich das Landschaftsbild von beschaulich und idyllisch zu spektakulär und extrem motorradfreundlich. Nun geht es über eine weite Strecke bergab. Gut acht Kilometer lang präsentiert sich uns ein fantastischer Mix von Panoramen, Kurvenspaß und Eindrücken.

Unser Blick fällt von der gut ausgebauten Straße über die knallgelb leuchtende Leitplanke hinaus auf das dunkelblaue Meer und die direkt gegenüber liegende Insel Hvar. Hier kommt der motorradreisende Tourist in einen echten Zwiespalt: Konzentriert man sich auf die herausfordernden Kurven und nutzt endlich mal wieder die willkommene Gelegenheit, den

Arbeiten, wo andere Urlaub machen – Fischerboot vor Brač

Kroatiens bekanntester Badestrand – das Goldene Horn von Brač

Straßenbelag ein wenig mit den Fußrasten aufzukratzen, oder genießt man einfach nur Natur und Ausblick? Wir entscheiden uns für beides, denn schließlich ist die Strecke nach Bol eine riesige Sackgasse, und auf dem Rückweg müssen wir ja doch wieder hier vorbeikommen. Mit dem Blick zum Meer ist also erst mal Sightseeing angesagt.

AM GOLDENEN HORN

Und das ist auch gut so. Bald taucht unten am Meer der angeblich schönste Strandabschnitt Kroatiens auf, an dem neben dem beschaulichen Küstenstädtchen Bol auch das Goldene Horn liegt. Grün ist es in der Bucht, dazwischen die weißen, terrakottafarben gedeckten Häuser, eine einladende Strandpromenade, an der neben ein paar Segeljollen auch einige Jachten schaukeln, für die eine alte Dame lange häkeln muss. Unter dem angrenzenden dichten Dach der Bäume tuckert in der Saison eine kleine Bahn gen Westen, die unermüdlich Badegäste an den Strand des Goldenen Horns schaufelt. Das ist zwar ganz putzig, aber in der Hochsaison kann es doch recht eng werden in diesem Zug, und außerdem ist der Spaziergang durch den Kiefernwald nicht nur gesünder, sondern einfach auch viel schöner. Das Goldene Horn, das spitz ins Meer hinausragt, besteht aus feinem Kiesstrand. Das Erstaunliche daran ist, dass dieser Strand laufend sein Aussehen, sprich die Ausrichtung seiner Spitze, ändert. Je nach Strömung, Wind und Wetter wogt der Ausläufer mal nach links und mal nach rechts, wird breiter oder schmaler. Das passiert natürlich mächtig langsam und dauert schon mal ein paar Wochen, und so muss keiner befürchten, mit seinem Liegestuhl plötzlich im Wasser zu stehen. An Bols Promenade bieten sich unter den Schirmen und Markisen der zahlreichen Cafés und Restaurants lauschige Plätze zum Erholen und Pausieren an.

AUS ADLERS PERSPEKTIVE

Der Weg zurück hält nun endlich den besagten Kurvenspaß. Mit gutem Tempo ziehe ich zügig und mit knackigen Schräglagen die Küstenstraße hoch. Der Belag ist griffig, es macht einfach Spaß. Oben bei Gornji Humac geht es diesmal nach links. Wir kurven über die Hochfläche der Insel und halten uns gen Westen.

Immer wieder gut für fantastische Panoramen – die Küstenlinie von Brač

Schöner wohnen – Küstendorf auf Brač

Nach ziemlich genau 13 Kilometern biegt eine schmale Straße nach links ab – ein unbedingtes Muss. Wer sie nicht fährt, ist selbst schuld. Durch karstige Kiefernwälder schlängelt sich der schmale Asphalt dem höchsten Punkt der Insel entgegen, dem gut 780 Meter hohen Vidova gora, der zugleich auch die höchste Erhebung aller Adria-Inseln ist. Dementsprechend genießen wir von hier oben eine fantastische Aussicht, als wir nach fünf herrlichen Kilometern fast am Gipfel ausrollen.

Wir sind mächtig beeindruckt: Weit schweift der Blick hinaus aufs Meer, und fast könnte man meinen, man säße in einem Flugzeug. Selbst die gegenüberliegende, fast 70 Kilometer lange Insel Hvar ist mit einem Blick überschaubar; drumherum Dutzende kleine Inselchen, grau-grün, mit weiß leuchtenden Stränden und Küsten – überwältigend!

Ein kleines Stück unterhalb des Gipfels lässt sich mit dem Motorrad, quer durch die Felsen und über ausgetretene Pfade, schnurstracks auf die Steilküste zufah-

TOUR-TIPP

Der Marmor von Brač

Die Insel Brač ist weltweit bekannt für ihren weißen Kalkstein von hoher Qualität. Schon die Römer errichteten in Dalmatien aus dem Bračer Marmor Paläste und Amphitheater. Genauer betrachtet ist der Bračer Marmor kein Marmor, sondern ein sehr reiner Kalkstein. Für »echten« Marmor fehlt dem Gestein die Metamorphose, also die Umwandlung durch extreme Hitze und Druck. Der dennoch sehr hochwertige Stein von Brač findet sich in bedeutenden Bauwerken wie den mittelalterlichen Glockentürmen und Kathedralen von Šibenik und Trogir, dem Weißen Haus in Washington sowie im Parlament und der Neuen Hofburg in Wien und am Budapester Parlament.

Die Bračer Steinbrüche befinden sich hauptsächlich an der Küste, da in der Vergangenheit der Marmor durch Schiffe abtransportiert wurde.

Dieses Handwerk hat auch auf Brač Tradition; so besteht in der Ortschaft Pučišća eine traditionelle Steinmetzschule, die das Erbe der bedeutungsvollen Steinverarbeitung in Dalmatien repräsentiert.

en – ziemlich prickelnd. Lange sitzen Kiki und ich auf den Steinen und lassen diese atemberaubende Landschaft auf uns wirken.

DIE QUAL DER WAHL

Langsam aber wird es spät, und wir brechen auf, denn wir wollen noch nach Supetar auf der anderen Seite der Insel. Die eine oder andere Kehre sorgt unterwegs für Kurzweil, dann fahren wir bergab nach Supetar an der Küste, mit Blick aufs Festland. Von hier legt die Fähre nach Split ab. Auch wenn der Ort nicht ganz mit so manchem malerischen Küstenörtchen in Kroatien mithalten kann, hat er dennoch mehr zu bieten als nur einen Fährhafen. Rund 3500 Einwohner machen ihn zur größten Stadt auf Brač, mit einigen netten Badestränden, einer ansprechenden Promenade, verwinkelten Gassen und Plätzen und einem großen Angebot an Unterkünften. Prompt werden wir beim Abendessen, unschwer als Motorradfahrer erkennbar, angesprochen, und man bietet uns ein Zimmer an, das sich später als durchaus akzeptabel herausstellt.

Den nächsten Tag nutzen wir für Erkundungstouren quer über die Insel. Ein absolutes Highlight ist die Strecke von Supetar in östlicher Richtung entlang der Küste. Die gewohnt spannenden Kurven, jede Menge lauschige Buchten, die es zu umrunden gilt, sowie kleine Dörfer und große Aussichten wechseln sich entlang der Küstenlinie ab. Irgendwann biegt die Straße ganz unvermittelt ins Inland ab und windet sich wieder auf die Inselhöhen hinauf – aber nur, um sich hinter ein paar verstreuten Häusern gleich wieder in die Tiefe zu stürzen. Und bald haben wir an einer Abzweigung die Qual der Wahl: entweder ins Küstendörfchen Pučišća abbiegen oder den Kurven weiter ins Landesinnere folgen. Wir entscheiden uns für beides, machen erst ein bisschen Sightseeing und rollen dann die Berge hinauf. Auch den äußersten Westen der Insel nehmen wir unters Profil. Sutivan und Milna, die beiden Küsten- und Hafenstädtchen, sind ideale Etappen für die kleine Pause zwischendurch, und da wir mit einer Enduro unterwegs sind, erkunden wir auch noch die eine oder andere Schotterpiste.

Nach einem entspannten Badetag lassen wir unseren Inselbesuch mal wieder mit einer kleinen Kreuzfahrt ausklingen – doch diesmal geht es nicht nach Makarska zurück, sondern nach Split, Dalmatiens größter Stadt. Die Fähren von Brač fahren stündlich hinüber, und wir gönnen uns eine sonnige Deckspassage.

Auf der Suche nach dem schönsten Aussichtspunkt

PRAKTISCHE HINWEISE

ALLGEMEINES

Brač ist die drittgrößte Insel in der Adria und mit ihrem 780 m hohen Gipfel Vidova gora zugleich auch deren höchste Erhebung. Auf Brač leben etwa 15 000 Einwohner. Die Insel ist per Fähre entweder von Split oder von Makarska erreichbar. Beide Verbindungen werden mehrmals täglich bedient.

Wirtschaftlich dominieren auf Brač neben dem Tourismus die Schafzucht sowie der Anbau von Trauben, Sauerkirschen, Mandeln und Öl. Zudem wird auf Brač Marmor abgebaut, der seinen Weg sogar bis ins Weiße Haus in Washington und in den Berliner Reichstag fand.

KLIMA UND REISEZEIT

Reisezeit ist vom zeitigen Frühjahr bis in den späten Herbst. Es herrscht mediterranes Klima mit heißen Sommern und milden Wintern, und eine hohe Zahl an Sonnenstunden im Jahr garantiert unbeschwerte Urlaubsfreude. Eine Reise im Frühjahr, wenn alles grünt und blüht, ist besonders reizvoll. Aber auch der Herbst hat einiges zu bieten, wenn es nicht mehr so heiß und die Strände und Orte leerer sind. Dann gehört aber für die Höhenzüge ein warmer Pullover ins Gepäck.

MOTORRAD FAHREN

Auch die Insel Brač ist ein überschaubares Motorradrevier, doch allein für die Straße von Bol ins Landesinnere lohnt sich ein Ausflug – hier leben die Freunde der Schräglagen richtig auf. Ansonsten locken ruhige Entdeckungstouren, und es gibt reichlich Gelegenheit, die Enduro auf Schotter auszuführen.

TOURENLÄNGE

150 km

SEHENSWERTES

Die Orte Bol und Supetar lohnen sich stets für interessante Rundgänge. In Bol locken das Kastell und der gotische Palazzo, in Supetar das Petrinović-Mausoleum. Als schönster Strand der Adria gilt das Goldene Horn bei Bol. Außerdem lohnt sich auf jeden Fall und vor allem bei schönem Wetter und klarer Sicht die Wanderung auf den höchsten Berg der kroatischen Inselwelt, den Vidova gora; gestartet wird dabei etwas westlich von Bol. In einer geschützten Bucht im Norden Bračs liegen beim Ort Pučišća die weltbekannten Marmorsteinbrüche.

ESSEN UND TRINKEN

In den Orten Bračs versteht man sich auf die Zubereitung frischer Fisch- und Meeresfrüchte-Gerichte. Gern und reichlich wird dabei das lokal produzierte Öl verwendet. Auch das regionale Obst und Gemüse sowie die Nudeln sind köstlich. Als Bračs besondere Delikatesse gelten die gebratenen Lämmer, besonders die Butalac (gefüllte Lammkeule) oder das Tingul (geschmortes Lamm). Sehr schmackhaft ist der Käse, insbesondere der Procip (Stücke aus jungem Käse, gebraten in karamellisiertem Zucker). Auf Brač wird immer noch Smutica getrunken, ein erfrischendes Getränk aus vier Fünfteln frischer Ziegenmilch und einem Fünftel Rotwein. Wer den lieber ohne Ziegenmilch genießt, hält sich an den Plavac.

UNTERKUNFT

Auf Brač finden sich problemlos zahlreiche Übernachtungsmöglichkeiten, vom Hotelzimmer bis zur Privatunterkunft – einfach auf die Schilder achten. Es gibt einige Campingplätze entlang der Küste, auf denen auch ansprechende Häuschen vermietet werden. Fragen Sie auf der Suche nach einem Zimmer ruhig einmal Einheimische oder im Restaurant oder Café, denn hier kennt jeder jemanden, der eine Unterkunft vermietet.

KARTE

Vor Ort empfiehlt sich die Marco Polo Karte 1:200 000, Istrien, Kroatische Küste Nord und Mitte.

ADRESSEN UND INTERNET

Für telefonische und schriftliche Anfragen stehen die beiden Kroatischen Zentralen für Tourismus bereit: entweder in der Sonnenstraße 8, 80331 München, Tel. 089/22 33 44, oder in der Stephanstraße 13, 60313 Frankfurt, Tel. 069/238 53 50 (Infos im Internet unter www.croatia.hr).

Über Brač informiert ausführlich die Seite www.bracinfo.com.

Interessant ist auch die Seite www.supetar.hr, und weitere Tipps gibt es unter www.mein-kroatien.info/Insel_Brac.

Bracs Küstenstraßen gehören zu den schönsten Kroatiens.

Fantastische Blicke auf die
kroatische Küste bietet
das bergige Hinterland zuhauf.

Selten haben wir über so viele tolle Ausblicke und so schöne Stopps gestaunt wie an den kroatischen Küsten.

Flagge zeigen – der Landesflagge begegnet man auf Schritt und Tritt.

REGISTER

Ebenfalls erhältlich ...

ISBN 978-3-7654-8738-5

ISBN 978-3-7343-0932-8

ISBN 978-3-7654-5762-3

ISBN 978-3-7343-0894-9

BRUCKMANN

www.bruckmann.de

IMPRESSUM

Verantwortlich: Kerstin Thiele
Lektorat: Christian Schneider
Layout: BUCHFLINK Rüdiger Wagner
Repro: Cromika
Kartografie: Heike Boschmann
Herstellung: Anna Katavic
Printed in Slovenia by Florjacic

★★★★★

Sind Sie mit diesem Titel zufrieden? Dann würden wir uns über Ihre Weiterempfehlung freuen.
Erzählen Sie es im Freundeskreis, berichten Sie Ihrem Buchhändler, oder bewerten Sie bei Onlinekauf.
Und wenn Sie Kritik, Korrekturen, Aktualisierungen haben, freuen wir uns über Ihre Nachricht an
Bruckmann Verlag, Postfach 40 02 09, D-80702 München oder per E-Mail an lektorat@verlagshaus.de.

Unser komplettes Programm finden Sie unter

www.bruckmann.de

Alle Angaben dieses Werkes wurden vom Autor sorgfältig recherchiert und auf den neuesten Stand gebracht sowie vom Verlag geprüft. Für die Richtigkeit der Angaben kann jedoch keine Haftung übernommen werden, weshalb die Nutzung auf eigene Gefahr erfolgt. Insbesondere bei GPS-Daten können Abweichungen nicht ausgeschlossen werden.

Bildnachweis: Alle Bilder stammen vom Autor, außer: S. 31 Shutterstock/Alexey Kotikov; S. 74/75 Shutterstock/Mrak.hr; S. 84/85 Shutterstock/Joachim Bago; S. 123 o. Sutterstock/Stjepan Tadfra; S. 135 Shutterstock/csp

Umschlagvorderseite: Seeblick – tolle Panoramen
Umschlagrückseite: In Istrien mangelt es nicht an idyllischen Ortsdurchfahrten.

Die Deutsche Nationalbibliothek verzeichnet diese Publikation in der Deutschen Nationalbibliografie; detaillierte bibliografische Daten sind im Internet über www.dnb.d-nb.de abrufbar.

© 2017 Bruckmann Verlag GmbH, München
ISBN 978-3-7343-0898-7